商业银行·赢在软实力系列丛书

黄勋敬 著

Bank Product Manager
## Soft Power Model

# 银行产品经理
# 软实力修炼

中国金融出版社

责任编辑：贾　真
责任校对：李俊英
责任印制：丁淮宾

**图书在版编目（CIP）数据**

银行产品经理软实力修炼（Yinhang Chanpin Jingli Ruanshili Xiulian）/
黄勋敬著. —北京：中国金融出版社，2014.8
ISBN 978 - 7 - 5049 - 7592 - 8

Ⅰ. ①银…　Ⅱ. ①黄…　Ⅲ. ①银行—客户—商业服务　Ⅳ. ①F830. 4

中国版本图书馆 CIP 数据核字（2014）第 148920 号

出版
发行　**中国金融出版社**

社址　北京市丰台区益泽路 2 号
市场开发部　(010)63266347，63805472，63439533（传真）
网上书店　http://www.chinafph.com
　　　　　(010)63286832，63365686（传真）
读者服务部　(010)66070833，62568380
邮编　100071
经销　新华书店
印刷　北京松源印刷有限公司
尺寸　169 毫米×239 毫米
印张　13.25
字数　220 千
版次　2014 年 8 月第 1 版
印次　2014 年 8 月第 1 次印刷
定价　30.00 元
ISBN 978 - 7 - 5049 - 7592 - 8/F. 7152
如出现印装错误本社负责调换　联系电话 (010)63263947

# 题　词

本丛书通过大量的实证调查研究，构筑了核心岗位的软实力任职标准，这对促进银行职业化进程与提升民族银行业绩效具有重要意义。

中国银行业协会专职副会长　杨再平

本丛书从软实力模型的视角对商业银行核心岗位的软实力进行了解码，通过新的研究思路找出了卓越任职者的核心要素，并且结合实际案例，系统而又深入浅出地进行了分析，相信会对银行从业者产生深刻的影响。

中国工商银行前副行长

本丛书对商业银行核心岗位的软实力模型进行了系统而又深入的研究，树立了培养未来任职者的参照标杆，特别是提供了很多切实可行、易于操作的经典案例，有助于新一代银行从业者的成长。

南京大学商学院院长、博士生导师　赵曙明

　　本丛书抓住我国商业银行从业者职业化中的关键环节进行系统而深入的探讨。在实现多学科和多角度整合的基础上突出了重点，有较好的内在逻辑性。因此，这是一套在学术和实践应用上都具有借鉴价值的前沿性专著。

**西南财经大学中国金融研究中心名誉主任　曾康霖**

　　本丛书兼具理论性和实践性，特别适合银行从业者、未来银行的明日之星以及金融管理者、咨询顾问、培训师以及金融专业的教师、学生阅读，是银行从业者的良好培训教材。

**中国社会科学院金融研究所副所长、《银行家》杂志主编**

# 序

## 构建银行核心岗位软实力模型，
## 打造行业软实力标准

今天，商业银行的经营环境已发生了翻天覆地的变化。在这个特殊的时代，挑战越来越多：经济全球化、全球金融危机、更加突出的不确定性……要面对这些挑战，就更需要高素质的商业银行人才。在现今的环境中，商业银行人才的挑选和培养比过去任何年代更凸显它的战略重要性。

在新的时代环境快速改变的情况下，商业银行最需要什么样的核心岗位任职者？换句话说，我们需要培育什么样的人才来引领商业银行前进？在我看来，商业银行核心岗位任职者必须具备两个力：一个是硬实力，即任职者必须具备相应的学历、资历、业绩等外在的硬件要求，这是成就一名优秀现代商业银行从业者的基础。当然，只有外在的这些硬要求还不够，还必须具备软实力，而这些软实力的标准何在？

对于这个问题，黄勋敬博士的团队利用产、学、研相结合的良好平台，进行了系统的实证探索。他通过对大规模经典行为事件访谈和问卷调查，利用实证研究方法及追踪研究方法对"商业银行核心岗位的软实力模型"进行了长期的探索，构筑了商业银行核心岗位的软实力标准。在此基础上，作者推出了"商业银行·赢在软实力系列丛书"，其中内含银行行长、个人客户经理、对公客户经理、风险经理、产品经理以及理财经理等银行核心岗位的软实力胜任标准。

本丛书不仅构建了不同核心岗位的软实力模型体系，更重要的是基于不

同的软实力模型，通过成功或失败的真实案例，富有针对性地剖析了任职者的软实力提升路径，从而更好地发挥核心岗位的优势，推动现代商业银行向高绩效的"旗舰型"组织发展。

本丛书的重要贡献在于构筑了商业银行核心岗位的软实力标准，这无疑对促进银行职业化进程与提升民族银行业绩效具有重要意义。

杨再平

中国银行业协会专职副会长

# 自序：我们能够帮到您什么

## 一、我们发现了什么

长期以来，本人一直坚持产、学、研相结合，并专注于行为经济（金融）、人力资源管理和银行管理的研究和应用。通过在商业银行十多年的工作体验，历经银行基层行、省行和总行的工作实践，并通过参与中国工商银行总行、粤海集团（香港）、南方航空公司等企业的管理咨询工作，我越来越觉得：人才，尤其是核心岗位的人才，是任何银行在激烈的市场竞争中胜出的关键。"得人才者得天下！"如何选拔、培育人才是各家商业银行竞争的关键。一直以来，对于应如何选拔和培育人才，我们更多地是看候选人外在的硬件要求，如其学历、经历等，而对其内在的素质等"软实力"的要求较少。事实上，理论和实践表明，一个任职者内在的或深层次的动机、特质等深刻地影响其绩效。由于缺乏有效的工具，当前对这个领域的探索更多的是一些实战经验体会，未能形成关于商业银行核心岗位的软实力的可信标准，未能从实证的角度对此提出被业界信服的行业标准。因此，开展聚焦于银行核心岗位软实力任职标准的研究和应用至关重要。

## 二、我们做了什么

以提升民族银行业管理水平为己任，我和我的团队站在行业的角度对商业银行核心岗位的软实力模型（胜任力模型）进行了为期七年多的系列研究。我们开展了对商业银行管理层（行长）以及前台、中台、后台核心岗位（个人客户经理、对公客户经理、产品经理、风险经理以及理财经理）的实证研究，构建了六大核心岗位的软实力胜任模型，形成了六大核心岗位的软实力任职标准。

我们的课题组得到了中国银行业协会和中国城市金融学会的支持。同时，在国家自然科学基金重点项目"转型经济下我国企业人力资源管理若干问题研究"（批准号 70732002）和"企业经营者任职资格测评体系研究"（批准号 70732036）等项目的资助下，研究工作历时七年多，通过在北京、广州、上海、西安、昆明等城市的商业银行的走访和问卷调查，收集各类相关资料、信息和数据（其中包括访谈录音资料、文本和问卷），运用行为事件访谈、问卷调查、数据统计分析等科学的研究方法，构建了"商业银行核心岗位软实力模型"。

虽然本人任职于中国工商银行（国内最大的银行以及全球市值最大的银行），但是我们的研究不局限于工商银行，我们有大量来自其他银行的被试，从而使本研究具有较强的代表性。在产、学、研相结合的基础上，我们以共同锻造银行业精英、促进民族银行业发展的国家责任感为使命，对课题组近期的实践探索进行整理，并进一步将其体系化后整理成册与业界共享。到目前为止，我们推出了"商业银行·赢在软实力系列丛书"（七本）。

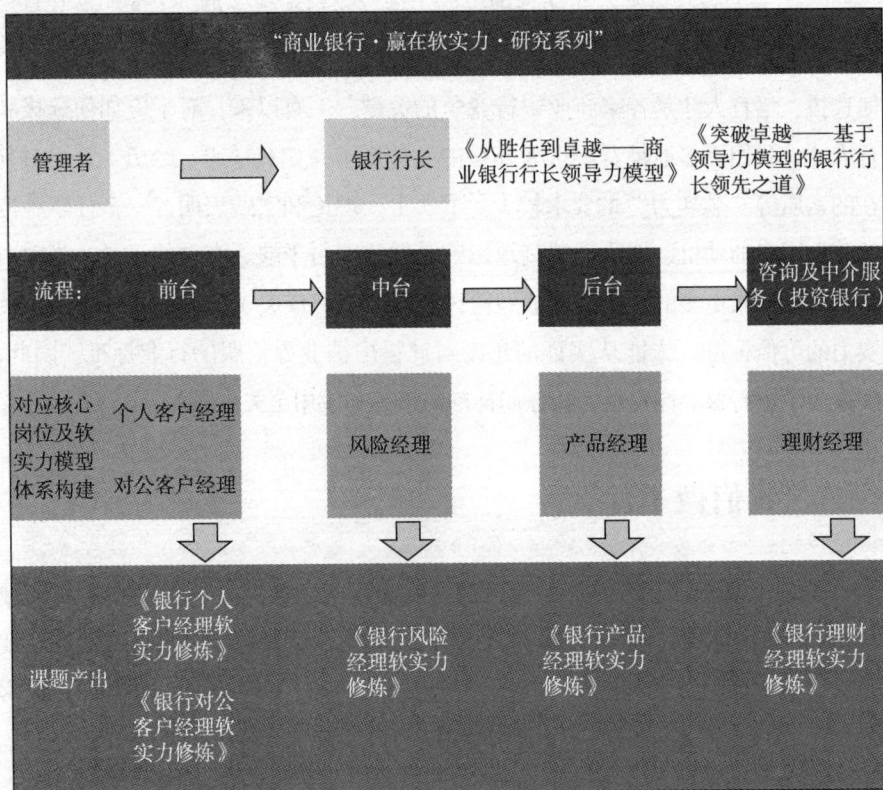

**"商业银行·赢在软实力·研究系列"**

| | | | |
|---|---|---|---|
| 管理者 → | 银行行长 | 《从胜任到卓越——商业银行行长领导力模型》 | 《突破卓越——基于领导力模型的银行行长领先之道》 |
| 流程： 前台 → | 中台 → | 后台 → | 咨询及中介服务（投资银行） |
| 对应核心岗位及软实力模型体系构建 个人客户经理 对公客户经理 | 风险经理 | 产品经理 | 理财经理 |
| 课题产出 《银行个人客户经理软实力修炼》 《银行对公客户经理软实力修炼》 | 《银行风险经理软实力修炼》 | 《银行产品经理软实力修炼》 | 《银行理财经理软实力修炼》 |

## 三、我们能帮您什么

本系列丛书具有以下特点。

特点之一：本丛书构建了基于商业银行核心岗位的软实力任职标准，剖析了商业银行核心岗位任职者软实力的提升路径，推动现代商业银行向高绩效的"旗舰型"组织转型。

特点之二：本丛书每一项软实力素质词条均配备了有针对性的真实案例，让广大读者能够理论联系实际，进行实战演练，真正做到学以致用。在案例的编写上，采用"软实力素质词条、案例、相关知识链接"的三段式结构，由点到面，由浅入深，将实证性与理论性有机结合，使得本丛书具有较强的实用性。

所以，我们的研究成果以及本丛书可以从以下方面帮到您。

| "商业银行·赢在软实力系列丛书"能够帮您做什么？ | |
|---|---|
| 银行核心岗位 | 《从胜任到卓越——商业银行行长领导力模型》 |
| | 《突破卓越——基于领导力模型的商业银行行长领先之道》 |
| | 《银行个人客户经理软实力修炼》 |
| | 《银行对公客户经理软实力修炼》 |
| | 《银行风险经理软实力修炼》 |
| | 《银行产品经理软实力修炼》 |
| | 《银行理财经理软实力修炼》 |
| 关键词 | 银行核心岗位；软实力胜任标准；案例分享；榜样引领，典型成长；标准刻画；银行从业人员入职考试以及商业银行培训绝佳的辅导教材 |
| 目前的任职者 | 榜样学习，提升绩效 |
| 未来的银行"明日之星" | 体验学习，入行导引。银行从业人员资格考试的软性辅导材料 |
| 银行管理者及人力部门 | 标准搭建，典型引领 |
| 银行培训体系 | 核心岗位培训的绝佳辅导教材 |
| 高校学者及学生 | 建模参考，量化论证 |
| 其他爱好人士 | 行业共享，管理无界 |

本丛书的形成以及最后出版得到了许多前辈、领导、同业朋友的支持与帮助，在此，特向所有关心帮助过课题组以及本丛书出版的朋友们表示最衷

心的感谢与最崇高的敬意！尤其是特别感谢中国工商银行总行侯本旗总经理、王云桂总经理，广东分行沈晓东行长、刘刚行长以及广东分行营业部李志鹏总经理等。本丛书是集体智慧的结晶，来自中山大学、南京大学和华南师范大学的金融管理学、管理心理学研究团队也参与了本书的编写工作，在此一并感谢！

　　本丛书的出版旨在与业界进行互动与交流，通过商业银行核心岗位软实力标准体系建设以及人员素质提升，共同推动民族银行业的进步与发展。在本丛书写作过程中，前人的研究成果发挥了重要的参考价值，本丛书已经在参考文献部分标注。如有个别因出处不详的文献未能清晰标注，敬请谅解。在此，再次向被引用的文章的作者表达最深的敬意！本丛书虽然是作者多年管理实践及研究心血所成，但是，由于作者的水平有限，书中不妥之处，敬请读者批评指正。

　　最后，我要感谢家人一直无私的关怀和支持！师长、亲人、同事、朋友们的支持与帮助是本丛书得以出版的力量源泉，在此，向各位曾经关心、帮助过本丛书出版工作的朋友们再次表示最衷心的感谢与诚挚的祝福！

于加拿大多伦多大学

# 目　录

# 商业银行产品经理软实力模型成功破土而出

# 第一章　什么是商业银行
# 产品经理软实力模型

　　**本章提要**　商业银行的产品经理是银行以客户为导向的，具体负责组织（或参与）银行某一金融产品或某一金融产品线的创新设计、生产营销、管理服务和应用实施工作的产品业务技术专家。产品经理将产品创新设计、生产营销、管理服务和应用实施全过程由面向产品本身和银行内部转而面向客户和市场，实现从环境分析、产品策划、产品设计、产品开发，到产品营销、推广、维护、改进和市场效果评价的全过程管理和服务，以使银行能够适时推出适应市场需要的金融产品，从而更好地巩固与现有客户的关系，建立新的客户关系，实现价值的最大化。可见，作为商业银行以客户为导向的全过程产品生产销售专家、全过程产品管理服务专家、全过程产品优化创新专家和专业化产品应用实施专家，产品经理对于商业银行转型与发展，为客户提供高增值服务进而帮助商业银行构筑综合竞争力和可持续发展力具有举足轻重的作用。因此，产品经理的业绩表现在某种程度上直接决定了商业银行的发展及变革的成败。采用什么标准来选拔和培育商业银行产品经理成为银行利益相关者关注的焦点。基于此，黄勋敬博士带领课题组历经七年多的长期追踪式探索研究（整个研究中，前后历经三次较大规模的问卷调查，参与研究的被试产品经理高达 1500 人），终于构建起"商业银行产品经理软实力模型"，打造形成了产品经理的软实力胜任标准，可为商业银行产品经理的选拔、培育、绩效发展及职业生涯规划提供专业化的参考，帮助锻造卓越的产品经理，促进中国银行业的发展。本章对"商业银行产品经理软实力模型"进行了全景式的介绍。

# 一、商业银行产品经理浮出水面

随着外部经营环境的变化和竞争的加剧，传统银行业务已不能满足客户的需要，商业银行迫切需要不断推出适合客户需要的高品质产品和服务。后者不仅是商业银行利润的新来源，也是巩固商业银行现有客户关系和发展新的客户关系的重要保障。随之而来的问题是，商业银行需要对这些产品进行全过程的创新设计、生产营销、管理服务和应用实施，即需要对产品不断进行设计、开发、营销、控制、改进提升和评价，并使这个过程能不断循环下去，以保障产品的市场竞争力和生命力。这样的市场需要催生了商业银行产品经理的问世与发展。

以下是三家银行关于贸易融资产品经理的招聘要求。

【兴业银行】

岗位职责：

（1）负责组织设计、开发和推广基于传统贸易融资产品和电子商务平台的贸易融资产品组合，设计、开发领域涵盖企业贸易供应链的本外币一体化的贸易融资解决方案和管理方案。

（2）负责贸易融资市场以及相关公司客户、金融同业客户的业务需求调研和信息收集分析。

任职资格：

精通国际结算和贸易融资产品；熟悉外汇管理政策；熟悉国内商业银行和外资银行贸易融资产品运作；具备良好的市场分析能力；具有扎实的经济金融理论知识功底、较强的金融创新和开拓意识；具有较好的英语听、说、读、写能力；有国际结算、外汇信贷、国际贸易融资等相关业务经验者优先考虑。

【浦发银行】

岗位职责：

（1）负责对贸易融资相关公司银行产品的市场分析、发展规划、经营策略的制定和实施；负责贸易融资公司银行产品属地化研发、创新、优化和规

章制度建设。

（2）负责贸易融资相关公司银行产品的品牌塑造、市场策划、营销指导、培训推广和绩效考核以及规范运作及各类风险检查监督。

（3）根据关键客户对贸易融资产品的需求设计营销解决方案、支持客户经理进行产品销售，并跟踪业务进展，提供专业服务。

（4）参与总行相关新产品研发及规章制度制定，参与总行组织的产品营销和相应的业务承办。

（5）协助其他业务部门积极开展产品交叉销售。

◆应聘条件：

（1）本科（含）以上学历，35 周岁以下，3 年（含）以上商业银行工作经历，2 年（含）以上商业银行相关岗位工作经历。

（2）熟悉贸易融资产品的管理制度、技术特点和市场状况，有较强的客户营销能力和丰富的实务经验，具有较强文字统筹、沟通表达和组织协调能力。

（3）品行端正，敬业爱岗，公正廉洁；思维活跃，钻研精神强，具有较强的工作责任心和较好的团队合作精神；无违纪违规等不良记录。

【Bank of New York】

职位职责：

- Be responsible for trade sales and to direct negotiation program.

- To manage trade service, advisory and marketing business, To adopt leading measurements to maximize income.

- To improve customers' satisfaction by working with other business units and providing excellent service and timely solutions.

- To keep customers updated on the status of each product development and implementation.

- To build and leverage the network within trade and to add global perspective to support correspondent banking relationship and business development.

（负责贸易项下融资，银行保函，资金业务，销售银行贸易融资产品，出口信用证通知并交单议付，到期贴现，保兑业务。）

职位要求：

● At least 3 years of trade experience dealing with export transactions and exporters. Operational experience as well as sales experience would be best.

● Client focused and business driven with ability of anticipating client's needs, reorganizing marketing opportunities, driving for viable improvement and delivering revenue in an effective way.

● Excellent verbal presentation skills both in person and on the phone.

● Good negotiation, interpersonal and communication skills.

● Good command of Chinese and English, both oral and written a must.

● Capability of work under pressure.

（备注：上述三个案例资料来源：http://verahere.blog.sohu.com/42876626.html）

## 什么是产品经理

　　产品经理制度最早是在 1927 年由宝洁公司发展起来的，并在第二次世界大战后迅速在工业和服务业中盛行开来。实践证明，对于一家生产多种产品或提供多种服务的企业而言，产品经理制度是一种很有效率的组织制度。如西方大多数商业银行（如花旗银行、汇丰银行等）都设置了各种类型的产品经理，以便配合客户经理为客户提供更加全方位、个性化和高品质的专业化金融服务。

　　在国内，2002 年南京爱立信熊猫通信公司做出惊人之举——向花旗银行上海分行贷款 19.9 亿元，用于提前归还工商银行等中资商业银行的贷款。爱立信"倒戈"的主要原因，是中资银行没有"无追索权保理业务"这个金融产品。这次事件作为一个诱发因素，惊醒了整个中国银行业，特别是中资商业银行。它们认识到，随着商业银行竞争的加剧，能否为客户提供个性化、

差异化的优质金融产品，已经成为银行是否具有竞争优势的关键。因此，产品经理队伍在国内商业银行内部应运而生，他们对市场和客户的需求有着敏锐的触觉，专门负责产品的研发和创新，具有知识型员工的个性特点。

商业银行产品经理是对某一种金融产品或产品线负责的具有献身精神的"斗士"，他必须真正为其产品品牌的成功而奋斗，他必须既对产品日常决策问题负责，又对制订产品的未来发展战略负责。产品经理在银行整体营销战略指导下，全面负责或参与各自所辖产品或产品线的发展，即通过了解不断变化的市场需求和将产品优化并推向目标市场的全过程，将银行内部的各个部分组成一个在战略上一致而集中的整体，从而实现产品价值的最大化。

商业银行产品经理的职责简单地讲就是经理金融产品——做好、管好、销好金融产品，做出品牌来。具体可分为 3 个方面：第一，主动为客户经理提供全过程专业化支持服务。第二，产品全过程创新设计、生产营销和管理服务，包括：（1）产品创新设计；（2）产品开发推动；（3）产品营销及营销推动；（4）环境分析，即了解客户的需求，了解市场产品的趋势，负责组织或参与相关产品或产品线的环境分析工作；（5）产品策划，即负责组织或参与制订相关产品策划，包括相关产品的营销目标、战略营销计划和战术营销计划；（6）产品优化创新，包括产品功能的优化、升级、整合或业务流程的完善；（7）产品日常维护；（8）市场效果评价和信息搜集；（9）产品档案建设和信息更新；（10）其他职能，如制度编写等。第三，产品全过程应用实施，即负责对具有特殊性、复杂性产品应用方案的设计和负责，对客户经理所设计的一揽子客户需求解决方案在产品应用方面进行完善提高（陈显忠，2006）。

## 二、商业银行产品经理的角色与使命[①]

### （一）商业银行产品经理的使命

商业银行产品经理是推动产品从需求发现到上市销售，后续跟踪反馈及产品调整等所有活动的负责人。商业银行产品经理的使命在于：每个产品都

---

① 本节"商业银行产品经理的使命与责任"相关内容引自中国工商银行总行产品创新部《工商银行产品效能与管理体系研究》报告（2012）。

有自身的生产成本和收入，应该被作为独立的业务核算。而商业银行产品经理就是这项业务的执行总监。为了产品收入最大化，商业银行产品经理会计划并调动所有现有和相关的资源来推动产品的开发和推广应用。商业银行产品经理的奋斗目标在于：争取持续增长的产品净利润和市场占有率、高效的服务水平、整合的产品线和引领市场的发展。

## （二）商业银行产品经理的组织架构

在事业部制的组织架构下，国外领先银行各业务部门（批发银行、零售银行）下通常分设产品部门及销售部门，而产品部门与销售部门之间为矩阵式的合作关系，即一位客户经理面向多位产品经理（见图1.1）。各产品部门实行独立核算，该产品线（群）的销售表现及损益情况可清楚地被追踪及考核。

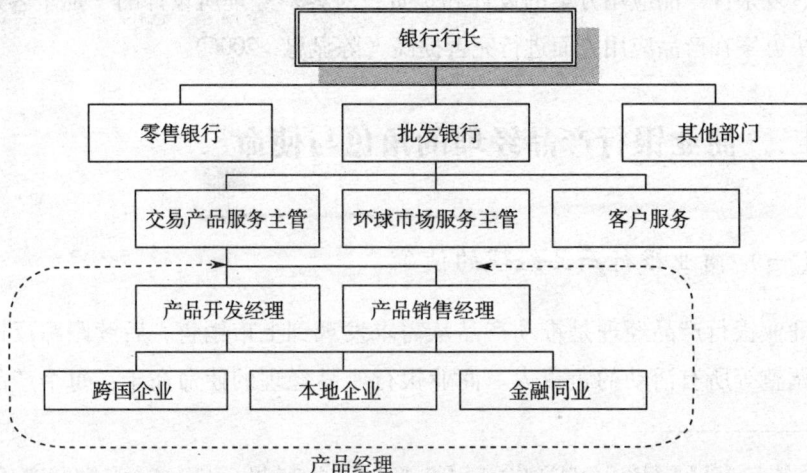

**图 1.1　某商业银行产品经理架构**

以汇丰银行为例，该行在产品部门内按产品线设置产品经理，在批发银行业务下设置了交易产品服务、环球市场产品服务和客户服务，负责对各细分客户群制定产品与营销战略，并执行产品开发及营销策划。

### （三）商业银行产品经理的岗位设置

产品经理设置一般有两种方式：一是分设产品开发经理和产品销售经理，产品开发经理专注于产品的开发，而产品销售经理负责响应销售部门的各项要求；二是设置产品经理统一负责产品开发及销售工作。

银行一般根据产品复杂程度、开发频率、客户境况、产品销售渠道不同选择合适的模式。产品复杂、技术性强、开发频率高、更新换代快的产品线往往需分设产品开发经理和销售经理。例如，批发银行业务和私人银行业务的产品多数较为复杂、开发难度大、营销工作较重，因而，该部门下产品往往同时设置产品开发经理和产品销售经理。相比较而言，若产品开发相对简单，更多的是对全球产品进行本地化处理或者从银行合作伙伴处采购，则只设置产品经理。比如，零售银行业务。

产品开发经理的工作职责包括负责产品调研，拟订业务发展规划；分析产品利润率、成本情况和市场定位；通过市场调研、竞争力研究、利润体系分析等来制定产品销售策略和价格；进行业务需求分析和编写，协调法务、风险、财务、科技等职能部门完成产品立项、研发和产品测试；针对客户反馈对产品进行参数上的各项调整。

产品销售经理的工作职责包括组织制定新产品操作规程、客户说明书及培训教材；充分理解各种类型客户不断变化的产品需求；与客户一起开发产品需求；将产品需求有效传递给产品开发经理，确保产品满足客户需求；对客户经理进行产品的相关培训，确保客户经理理解新的产品，进行产品推介、培训和服务方案设计；帮助其向客户交叉销售该产品；收集产品上线后的反馈；提供售后相关服务。

### （四）商业银行产品经理的职业发展

鉴于产品经理在银行的核心地位，国外领先银行对产品经理的选拔、培训及其职业生涯设计极为重视。产品经理的职业晋升通道清晰，一般路径为

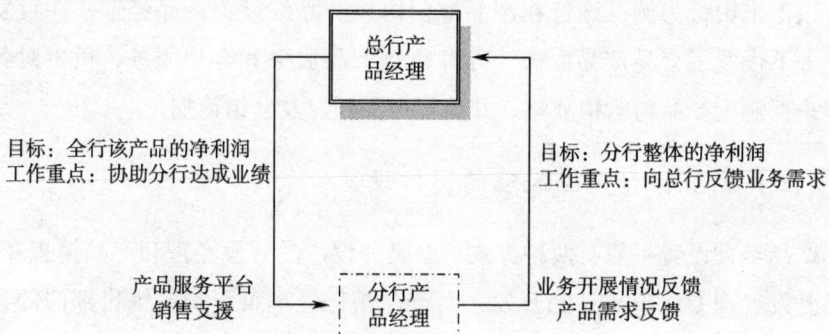

**图 1.2　商业银行总行与分行产品经理的互动**

助理产品经理—单产品经理—产品群产品经理—产品经理总监，并配以完善的考核机制。

# 三、商业银行产品经理软实力模型包括的素质要求

虽然随着我国经济体制改革和金融自由化进程的加快，中资商业银行基本都配备了自己的产品经理队伍，对金融产品的开发、管理和改革进行全方位的跟踪和操作，但是产品经理制度毕竟是一个新生事物，其管理和培养对中资商业银行来说都是"摸着石头过河"，难免会出现产品经理良莠不齐、人员选拔无据可依、绩效考核和管理落不到实处等种种问题。

因此，如何选拔和培育合适的产品经理成为各商业银行面临的重要难题。

实践表明，通过构建岗位软实力模型，形成软实力胜任标准体系无疑是一种有效的路径。在商业银行当前产品经理选拔与培育实践中，往往通过看候选人"硬实力"来选拔。所谓"硬实力"是指候选人的学历、资历以及过往业绩等直观可见的条件。然而，理论研究与实践表明，只具备"硬实力"的产品经理，其实际业绩并不一定优秀。一些做得好的产品经理之所以优秀，是因为他们具备了产品经理潜在的"软实力模型"。产品经理的岗位任职"软实力模型"是指商业银行产品经理岗位任职者所需具备的软性素质的集合，包括任职者的个性特征、自我形象、动机等。鉴于此，构建商业银行产品经理的"软实力模型"，明确该岗位的任职软实力标准对于商业银行的经营与发展意义重大。为此，本课题组历经七年多的长期跟踪式量化实证研究，终于构建起商业银行产品经理的软实力模型，打造、形成了产品经理软实力胜任标准，可为商业银行产品经理的选拔、培育、绩效发展及职业生涯规划提供专业的参考。

本研究所建构的"商业银行产品经理软实力模型"包括 11 项软实力（见表 1.1），下面对每个软实力的含义予以说明。

表 1.1　　　　　　　　商业银行产品经理软实力模型

| 协同创新 | 稳重严谨 | 应变能力 |
|---|---|---|
| 信息搜集 | 公关能力 | 责任心 |
| 抗压能力 | 客户意识 | 专业知识 |
| 风险意识 | 团队意识 | |

## （一）专业知识（F1）

专业知识是指产品经理具有从事金融产品设计、组合、创新等活动过程中需要的金融、经济、管理学、法学、心理学等方面的专业知识，并在产品推广和销售支持的过程中具有以客户为中心、以市场为导向的相关营销经验和能力，以及熟悉产品在销售和使用过程中需要及时处理业务的操作能力。

## （二）协同创新（F2）

协同创新是指产品经理能有效协调市场营销、技术审查、风险审批、系统开发等相关部门的人员，共同完成产品线的研发、设计、组合、推广营销

等目标，通过平衡不同资源促成产品的整合、更新、改进和业务创新。

### （三）公关能力（F3）

公关能力是指产品经理能够适应关系万变的社会和工作环境，能够聆听和准确地理解他人所传达的信息，与银行各部门等内部人员进行有效沟通，与客户、当地政府、监管机构等银行外部人员进行有效联系，能够协调和处理好内外部的关系，获得支持和配合，促进相关业务的达成。

### （四）客户意识（F4）

客户意识是指产品经理能够以客户为核心，从客户的角度来看待问题和解决问题，主动预测和满足客户（包括内部和外部客户）需求，通过为客户提供及时有效的优质服务，建立和发展良好、持续的客户关系。对客户所在的行业知识了解全面，能作为客户的"顾问"与"伙伴"，取得客户足够的信赖。能够根据客户的需求和问题，提出具有独特见解的意见，遵循此意见，越来越深入地参与客户的决策过程。关心客户的业务发展和个人发展，通过向客户提供所有可能的支持和帮助，实现与客户的持续双赢。

### （五）团队意识（F5）

团队意识是指产品经理关注自身团队的工作效率和发展，对整体发展有深刻的感受，为了在短时间下完成工作并实现团队利益最大化，有意识地在实际工作中为成员提供有效的培训、辅导或者支持帮助，从仅有的信息和资源中不断推动团队工作，激发成员的潜能和促进整体团队的发展。

### （六）抗压能力（F6）

抗压能力是指产品经理不惧怕失败，勇于承受产品开发带来的困难与挫折，承担产品管理的事务性工作压力，能够在承受外界压力和自我压力的情况下，依然保持稳定的心态和冷静清晰的头脑来处理问题的能力。

### （七）稳重严谨（F7）

稳重严谨是指产品经理处事谨慎而踏实，考虑问题缜密，对工作有清晰

有序的思路，关注工作的规范和细节，能够按照一定的程序办事，重视内外部规则的约束，具有减少失误及保持高标准工作质量的愿望和能力。

## （八）应变能力（F8）

应变能力是指产品经理对能够以最快的速度、最有效的形式获取准确的知识和数据，具有敏锐的商业感觉应对金融产品的更新和市场的变动，并随时做好应变的准备，在工作中对于需要处理的问题或对上级下达的工作任务，特别是突发事件，能够给予快速及时的反应。

## （九）责任心（F9）

责任心是指产品经理能够认识到自己的本职工作对于金融产品经营管理的重要性，并愿意承担相应的责任，为实现银行设定的目标而不懈奋斗。这要求产品经理爱岗敬业，充分发挥主人翁的精神，认真负责、全情投入，为银行设计、研制、推广、改良或维持有效的各类金融产品而作出贡献。

## （十）信息搜集（F10）

信息搜集是指产品经理能够从各种纷繁复杂的信息中选择自己需要的信息，并且能够有效地处理信息使其为自己所用，以此来作出决策和判断。现代商业银行以信息技术为支撑，信息技术已经成为银行发展的第一生产力。产品经理只有具备了这种能力，才能及时有效地把握和处理利用好相关信息，为自己和工作需要所用。

## （十一）风险意识（F11）

风险意识是指产品经理具备一定的风险管理意识，能够有效识别、衡量和防范市场风险、道德风险、操作风险等金融业务常见风险。风险是"未来结果的不确定性或损失"。如果产品经理在工作中能有效识别可能发生的风险，并作出合理的判断，将有助于防范风险、避免损失，从而保护银行和客户的利益。风险意识软实力特征的核心要素是：产品经理是否具备有效识别不同形式风险的意识和能力，并能否采取恰当措施规避风险。

# 四、商业银行产品经理需要具备的独特软实力

## （一）产品经理主要职责对应所需要的软实力要求

本研究运用行为事件访谈法（BEI），通过实证研究和分析在国内首度构建了"商业银行产品经理软实力模型"，将银行产品经理的软实力特征概念化。为了进一步明晰商业银行产品经理所需要的软实力特征，我们专门进行了相应的分析。

一般来说，商业银行产品经理的主要职责有改进、扩展、创新金融产品，指明应对同业竞争的产品发展方向；编制详细的产品年度营销计划；协助客户经理进行中、后台协调沟通，相互合作，进行业务拓展；收集有关产品的各类信息，组织产品改进，以适应市场和客户的变化需求；负责协调和组织银行内部资源为产品营销服务等。每一项职责都有软实力特征与之对应。因此，银行可以根据每个产品经理的具体职责确定合适的软实力特征。职责与软实力特征的对应情况如图 1.3 所示。

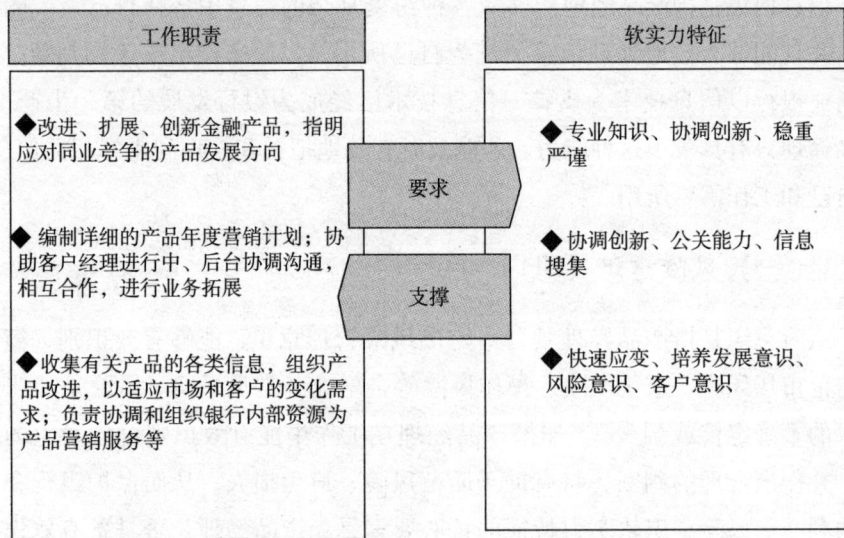

| 工作职责 | | 软实力特征 |
|---|---|---|
| ◆改进、扩展、创新金融产品，指明应对同业竞争的产品发展方向 | 要求 | ◆专业知识、协调创新、稳重严谨 |
| ◆编制详细的产品年度营销计划；协助客户经理进行中、后台协调沟通，相互合作，进行业务拓展 | 支撑 | ◆协调创新、公关能力、信息搜集 |
| ◆收集有关产品的各类信息，组织产品改进，以适应市场和客户的变化需求；负责协调和组织银行内部资源为产品营销服务等 | | ◆快速应变、培养发展意识、风险意识、客户意识 |

**图 1.3　商业银行产品经理软实力特征与具体工作职责对应图**

## （二）商业银行产品经理特殊软实力要求

目前，根据我国一些学者所做的研究，我们可以总结出一般职业经理人所应具备的通用软实力特征：个人品德、沟通能力、专业知识、全局思维、应变能力、学习能力、资源整合、责任心、信息搜集。我们建立的产品经理软实力特征模型与该通用软实力特征相比，主要有以下特征的差异：协同创新、公关能力、客户意识、抗压能力、稳重严谨、风险意识。之所以出现这些差异，是因为本书的软实力模型是建立在具体的岗位之上的，必须体现出岗位的特殊性（见图1.4）。

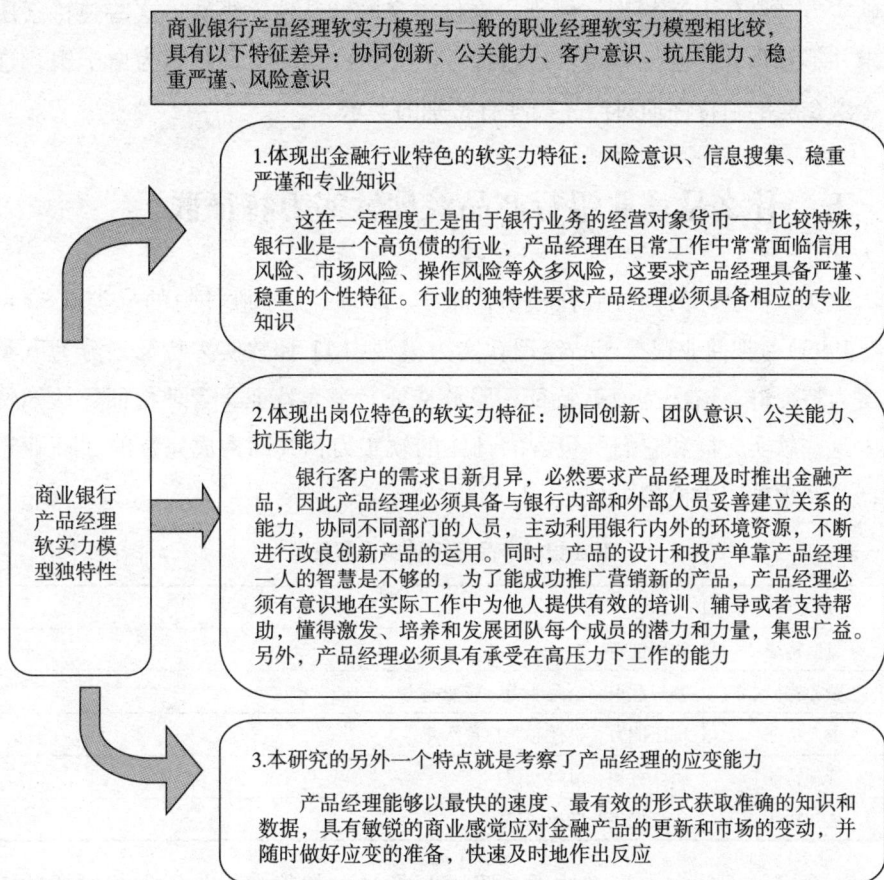

商业银行产品经理软实力模型与一般的职业经理软实力模型相比较，具有以下特征差异：协同创新、公关能力、客户意识、抗压能力、稳重严谨、风险意识

商业银行产品经理软实力模型独特性

1.体现出金融行业特色的软实力特征：风险意识、信息搜集、稳重严谨和专业知识

这在一定程度上是由于银行业务的经营对象货币——比较特殊，银行业是一个高负债的行业，产品经理在日常工作中常常面临信用风险、市场风险、操作风险等众多风险，这要求产品经理具备严谨、稳重的个性特征。行业的独特性要求产品经理必须具备相应的专业知识

2.体现出岗位特色的软实力特征：协同创新、团队意识、公关能力、抗压能力

银行客户的需求日新月异，必然要求产品经理及时推出金融产品，因此产品经理必须具备与银行内部和外部人员妥善建立关系的能力，协同不同部门的人员，主动利用银行内外的环境资源，不断进行改良创新产品的运用。同时，产品的设计和投产单靠产品经理一人的智慧是不够的，为了能成功推广营销新的产品，产品经理必须有意识地在实际工作中为他人提供有效的培训、辅导或者支持帮助，懂得激发、培养和发展团队每个成员的潜力和力量，集思广益。另外，产品经理必须具有承受在高压力下工作的能力

3.本研究的另外一个特点就是考察了产品经理的应变能力

产品经理能够以最快的速度、最有效的形式获取准确的知识和数据，具有敏锐的商业感觉应对金融产品的更新和市场的变动，并随时做好应变的准备，快速及时地作出反应

**图1.4　商业银行产品经理的独特素质要求**

从行业属性来看，商业银行产品经理软实力模型因其所处的银行业的独特性而具有明显的行业素质要求：风险意识、信息搜集、稳重严谨和专业知识。这在一定程度上是由于金融市场瞬息万变，这不仅要求产品经理有良好的风险驾驭能力和信息搜集能力，还需要有良好的市场洞察力才可以更好地发现市场的机会，从而采取正确的营销策略，满足客户需求。从岗位属性来看，体现出产品经理职位特色的软实力特征有协同创新、团队意识、公关能力、抗压能力等。产品经理不仅需要具备良好的公关能力和服务能力，能正确处理银行内外各种关系，还要掌握丰富的金融、法律等知识，以解决客户的问题。这符合构建软实力（胜任力）模型的初衷，即要针对具体的岗位建立软实力（胜任力）模型，体现出岗位本身的特殊性。当然，这些独特素质要求并不意味着其他行业的客户经理不需要这些素质，只是因为由于银行这一金融企业的独特性而对产品经理有特别的要求。

## 五、什么是商业银行产品经理软实力特征群

软实力模型即为岗位胜任模型，根据 Spencer 关于胜任力的分类（Spencer，1993），把商业银行产品经理软实力模型中 11 种软实力特征划分为五类软实力特征群，依次为成就特征、服务特征、个人特征、管理特征、认知特征。这些软实力群和它们所包含的具体的软实力，共同构成完整的"商业银行产品经理软实力模型"（见表 1.2）。

表 1.2　　　　　　　　　商业银行产品经理软实力特征群

| 特征群 | 软实力 |
|---|---|
| 成就特征 | 协同创新 |
| 服务特征 | 客户意识、公关能力、应变能力 |
| 个人特征 | 抗压能力、责任心、稳重严谨 |
| 管理特征 | 团队意识、风险意识 |
| 认知特征 | 信息搜集、专业知识 |

一个完整的软实力模型体系，除了包括具体的软实力，还应该包括软实力的定义、核心问题、水平分级、行为描述和行为样例等部分。因此，本书以后章节对此进行专门详尽论述。

　　在介绍了"商业银行产品经理软实力模型"后，相信读者一定会对这个模型是如何产生的感兴趣，因此，本书第二章将对此进行详细介绍。当然，如果对建模过程不感兴趣的读者可以直接跳到第四章或第五章，这些章节会有大量生动活泼的真实案例，相信能够帮助读者找到成长为优秀产品经理的路径。

# 第二章 商业银行产品经理
# 软实力模型是怎样构建的

**本章提要** 本章首先介绍了构建"商业银行产品经理软实力模型"的由来和发展，然后介绍软实力模型的定义和概念，并重点对构建"商业银行产品经理软实力模型"的过程进行了阐释。在金融同业的大力支持下，课题组通过对商业银行绩效优秀产品经理与绩效普通产品经理的关键行为特征进行分析，辨别出高绩效产品经理所具备的软实力，构建起"商业银行产品经理软实力模型"，该模型可为商业银行产品经理的选拔、绩效考核、培育及职业生涯规划提供专业化的参考。

国外对产品经理和产品管理的研究起步较早，早在 19 世纪 30 年代就出现了产品管理和产品经理的文献和学术成果。产品经理管理的对象是产品，其工作的本质就决定了其必须跟各种各样不同身份的人打交道。因此，Gary R. Gemmill 和 David L. Wilemon 等就对产品经理在工作协调或寻求支持时所面对的人际关系问题进行研究。他们认为在项目管理中的影响因素包括奖励权力、惩罚权力、专家权力和参照权力四种基本类型。产品经理应该着眼于四种类型权力的运用，从而分析人际关系过程中遇到的问题。另外，他们还关注产品经理的工作内容，分析产品经理与其他管理人员的本质关系。

后来研究者慢慢地把焦点集中于产品经理的绩效评估和工作角色方面。美国有研究者（Katsanis 等，1996）认为，产品经理的绩效很大程度上与营销部门的考核密切相关。他们从营销部门入手，调查评估系统过往和现在的种类和特点，寻找产品经理和营销经理的共同点，试图为产品经理的管理提供建议。再者，Strieter 等从银行组织环境和管理模式背景上，研究产品经理的

整体绩效。他们认为，产品经理这种管理制度的创新或改革，最大的挑战是银行本身的经营环境和管理模式，例如银行是否给产品经理授予足够大的权力去执行产品的管理，组织内部惯用的工作流程和文化是否能包容产品管理的改革，等等。同时，他们也对产品经理业绩、工作满意度、产品管理体系的最佳考核方式进行研究。

在我国，产品经理在银行业，甚至在其他行业都是属于一种创新的组织结构改革。因此，我国学者的实证研究是少之又少，大多数都是一些分析性的学术文献。2003 年，王延田、檀树荣发表了《组织之变：产品研发的新动力》一文，认为当时国有商业银行体系不能满足产品研发的条件和规则，提出了革新产品研发流程，增加产品经理职位或相关从业人员的建议。2004 年司徒珑瑜在其所发表的《产品经理的发展与现代商业银行核心竞争力的培育》中也赞成前者的观点。值得注意的是，王延田和檀树荣通过国内外银行产品经理的对比，提出了商业银行应该对产品经理的培育和选拔给予足够重视。但是，该文缺乏对具体方法的实证分析。

其后，国内的研究主要集中于产品经理的角色定位、职能内容等方面。例如 2005 年倪冰的研究，对产品经理的组织要求、工作职责、激励考核机制，甚至是银行组织架构上的调整进行了阐述，呼吁国内金融界重视和推行产品经理制度。蒙磊在 2004 年的《浅议商业银行的产品经理制》一文中，比较了产品经理与营销经理、客户经理的区别与联系。

综观国内外关于产品经理的研究，虽然研究的目的都是旨在将该职位的作用发挥到极致，但是对产品经理任职的条件或技能的要求则没有深入的探讨，缺乏具有实践指导意义的实证研究，仅仅侧重于在职的产品经理的工作模式或工作角色的描述性理论探讨。

综上所述，限于研究条件及被试的难获得性，国内外对于银行产品经理的研究也多倾向于理论分析，缺乏实证研究，缺少在商业银行环境下有针对性地对产品经理的选拔、培训的实证研究。故此，本研究在国内商业银行的大背景下，在中国银行业协会以及中国城市金融学会的大力帮助下，广泛地跨地区收集大量样本，区分优异和一般产品经理的素质差异，从而构建了产品经理的软实力模型，以供选拔、考核、培训和员工职业生涯管理之用，促进中国银行业产品经理体系的健康成长。

# 一、为什么要构建商业银行产品经理软实力模型

## （一）商业银行的转型使产品经理选拔与培育面临新挑战

商业银行是国民经济的命脉，是政治稳定的"晴雨表"，商业银行的经营好坏直接关系国计民生。纵观商业银行的发展史，商业银行竞争突出表现在人才之间的竞争。从某种意义来说，成功银行的背后必然有一支能征善战的队伍。因此，现代商业银行的人才竞争归根结底是高素质的人才队伍尤其是营销服务队伍的竞争。面对全球经济一体化的冲击，面对竞争激烈的金融市场，中资商业银行急需一大批优秀的产品经理来引领中资商业银行的产品争夺战，确保在市场竞争中赢得主动。因此，深化中资商业银行体制机制改革，打造一支富有战斗力的职业化产品经理队伍是当务之急、时不我待。

银行业是一个高风险、高智商的行业，行业特性要求从业人员具有较高的职业道德水平和专业素质，而对作为负责产品品牌设计及管理者的商业银行产品经理的要求则更高。为了满足这种高要求，产品经理必须走职业化之路。职业化是现代管理的一大趋势，无论是职业政治家、职业军人、职业经济学家，或者是职业医生……"职业"二字不但象征身份，也象征学识、阅历、专业。作为商业银行产品设计专家，产品经理的随机型任职现象也将逐步被职业化的任职所取代（见图 2－1）。职业化的核心是什么呢？在笔者看来，是以此为生、精于此道。

随着中资商业银行的转型与发展，商业银行产品经理的生成机制也将随之发生变化。如何在职业化背景下更科学地选拔和培育合适的产品经理成为摆在商业银行面前的重要课题。然而，在商业银行当前产品经理选拔与培育实践中，往往过分看重候选人"硬实力"。所谓"硬实力"是指候选人的学历、资历以及过往业绩等直观可见的条件。但是，从实践来看，有些"硬实力"很强的产品经理，其实际业绩并不一定都优秀。业绩好的产品经理之所以优秀，是因为他们具备了产品经理潜在的"软实力"。产品经理的岗位任职"软实力模型"是指商业银行产品经理岗位任职者所需具备的软性素质的集合，包括任职者的个性特征，自我形象、动机等。鉴于此，从实证量化研究

的视角构建商业银行产品经理的"软实力模型",明确该岗位的任职软实力标准,对于商业银行的经营与发展意义重大。

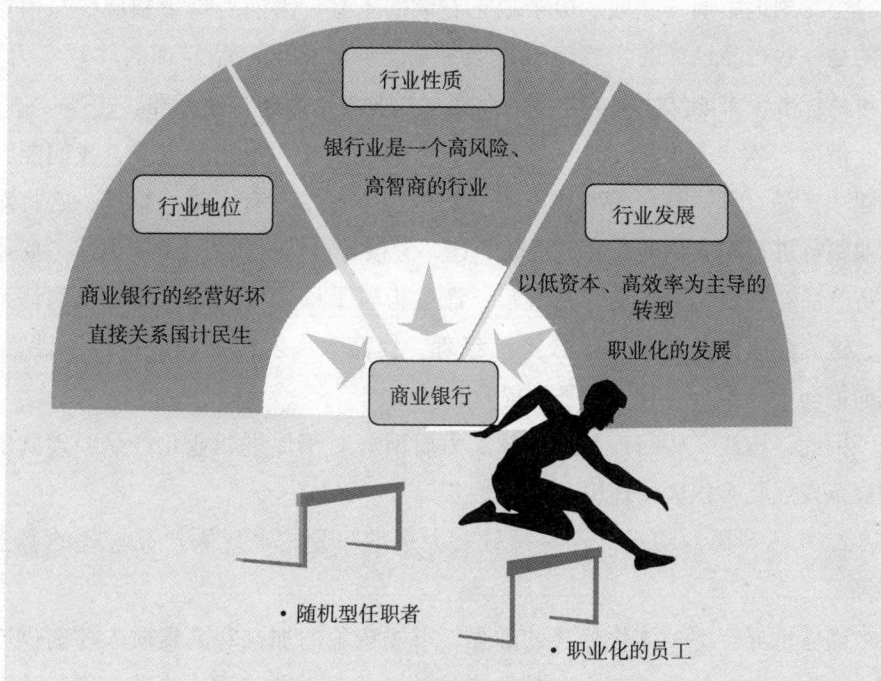

**图 2.1    商业银行面临的职业化挑战**

## (二) 构建商业银行产品经理软实力模型的重要意义

鉴于我国银行业的行业特殊性以及对于选拔和培育优秀产品经理的迫切需要,本课题组对"商业银行产品经理的软实力模型"进行了七年多的系统研究。课题组借鉴软实力模型的成熟理论,通过科学的范式构建起"商业银行产品经理软实力模型",明确了产品经理选拔的"软实力"标准,并在此基础上编制形成了产品经理软实力胜任水平测评工具,从而为科学地测评、选拔、考核与培训产品经理提供了专业化的依据,有利于促进中国银行业管理水平的提升。

1. 构建"商业银行产品经理软实力模型"是打造产品经理选拔与培育"软实力"标准的必由路径

一直以来,对于选拔和培育商业银行产品经理,我们更多的是看候选人

外在硬件要求,例如其学历、经历等,而对其内在的素质等"软实力"的要求较少。事实上,理论和实践表明,一个任职者内在的或深层次的动机、特质等会深刻地影响其绩效。由于缺乏有效的工具,当前对这个领域的探索更多的是一些产品经理的实战经验体会,未能形成关于产品经理的"软实力"的可信标准,未能从实证的角度对此提出被业界信服的行业标准。

借助"软实力模型"这一有效工具,通过实证和量化的方式,我们能够构建"产品经理"这一特殊岗位的"软实力"标准。有了这一标准,必将对商业银行进行职业化的产品经理的甄选、考核与培训提供有力的依据。"商业银行产品经理软实力模型"形成后,课题组着手构建了网络化的在线测评系统,这为商业银行科学地选拔产品经理,提高人岗匹配的程度提供了借鉴,从而推动中国银行业管理水平的提升。

因此,构建"银行产品经理软实力模型"对于促进职业化产品经理队伍的规范发展具有积极的理论和现实意义。

2. 构建"商业银行产品经理软实力模型"是培育优秀产品经理的必由路径

随着世界经济一体化趋势的加强、市场竞争的加剧和高素质人才的供不应求,提高银行的管理能力和从业者绩效已成为重要议题。当前,银行的竞争能力在很大程度上体现在其从业者人力资源素质的高低。因此,通过构建适合银行业的软实力模型,明确银行各类核心岗位的软性素质要求,员工将能够明晰自身的努力方向,学习提升软实力的核心思想和技能,进而自发培育组织所需要的核心竞争力,最终实现组织与员工的"双赢"。对于产品经理来说,有了软实力任职标准,就有了通往优秀业绩的路径,将帮助产品经理成长为一名优秀的职业化从业者。

3. 构建"商业银行产品经理软实力模型"是丰富商业银行管理科学化研究的必由路径

由于银行业的行业特殊性及产品经理取样的困难性,目前国内对商业银行产品经理的软实力模型的实证研究相对较少。因此,本课题立足于将行为金融学、管理学和现代人力资源管理等理论应用于银行业的实践,从而弥补我国对商业银行产品经理这一特殊领域的研究相对薄弱的现状,在一定程度上丰富国内在这一领域的研究,推进我国商业银行管理科学化研究。

## 二、什么是软实力模型

### （一）软实力的定义

软实力（Soft Power）是一种能力，它能通过吸引力而非威逼或利诱达到目的，是一国或一个组织综合实力中除传统的、基于军事和经济实力的硬实力之外的另一组成部分。美国哈佛大学教授约瑟夫·奈最早提出这一概念。这一概念的提出，明确了软实力的重要价值，将它提高到了与传统的"硬实力"同等甚至比其更为重要的位置——正如约瑟夫·奈所言，"硬实力和软实力同样重要，但是在信息时代，软实力正变得比以往更为突出"。围绕"软实力"的一系列研究，明示人们一种新型、全面和平衡的发展路径，在提升各级主体综合实力问题上启迪着人们的新思维。

对于岗位任职者来说，除了需要具备该岗位所必需的硬实力之外，更需要具备相应的软实力，才能在本岗位实现从胜任到卓越的过渡。谈到岗位任职"软实力"，我们不得不提到一个与此紧密相连、完全等价的概念——"Competency"（胜任力或胜任素质）。胜任力是指动机、特质、自我概念、态度或价值观、某领域的知识、认知或行为技能——任何可以被可靠测量的，并且能够将表现优秀者和一般者区分开来的个体特征。胜任力的研究由来已久。麦克米兰博士对于胜任力的研究作出了开创性的贡献。基于对美国外事局甄选驻外联络官（Foreign Service Information Officers，FSIO）选拔的研究，1973 年，麦克米兰博士开创性地发表了 *Testing for Competence Rather Than for "Intelligence"* 一文。在该文中，麦克米兰博士批评了当时美国普遍应用智力测验、性向测验和学术测验来预测工作效绩，并以此作为选拔考核标准的状况，提出了"Competency"这一概念，并提出应该以"Competency"作为选拔考核的标准。对于"Competency"，中文翻译有很多种，如"胜任力"、"胜任素质特征"、"素质"等。胜任力研究是一种基础研究，它是选拔、招聘、培训、绩效考核等模块的基础。

在本书中，岗位软实力是指一些能把表现优异者和表现平平者区分开来的潜在的、较为持久的软性特征，能使人更好地工作的潜在特质，包括在工作情景中员工的价值观、动机、个性或态度、技能、能力和知识等关键特征。可见，从岗位任职的角度来看，岗位软实力与岗位胜任力是等价的。软实力是驱动员工产生优秀工作绩效的各种个体特征的集合，反映的是可以通过不同的方式表现出来的知识、技能、个性与内驱力。它是判断一个人能否胜任某项工作的起点，是驱动并区分绩效好坏差异的个人特征的总和。

### (二) 软实力模型的定义

"软实力模型"[①]（Soft Power Model）是指岗位任职者所需具备的软性素质的集合，包括任职者的个性特征，自我形象、动机等。岗位软实力模型又称胜任力模型（Competence Model），都是指为完成某项工作、达成某项绩效目标所应具备的一系列不同胜任特征要素的组合，包括不同的动机表现、个性与品质要求、自我形象与社会角色特征以及知识与技能水平。这些行为和技能必须是可衡量、可观察、可指导的，并对员工的个人绩效以及企业的成功产生关键影响（Spencer，1993）。软实力模型主要回答两个问题：完成工作所需要的技能、知识和个性特征是什么，以及哪些行为对于工作绩效和获取工作成功来说是具有最直接影响的（Sanchez，2000）。

因此，本书定义的商业银行产品经理软实力模型是指担任产品经理职务所需具备的软性素质的集合，即 $SM = \{SI_i, i = 1, 2, 3, \cdots, n\}$，$SM$ 表示软实力模型，$SI$ 表示软实力项目，$SI_i$ 即第 $i$ 个软实力项目，$n$ 表示软实力项目的数目。

### (三) 软实力模型的理论基础

与胜任力模型一样，软实力模型的理论基础是冰山模型（Iceberg Competency Model）和洋葱模型。如图 2.2 所示，各种软实力特征可以被描述为在水中漂浮的一座冰山。水上部分代表表层的特征，如知识、技能等；水下部分代表深层的软实力，如社会角色、自我概念、特质和动机，是决定人们的行为及表现的关键因素。又如图 2.3 所示：洋葱模型图最外面的是知识，代表最为表层的东西，也是最容易发展的部分；而最里面是核心人格，如动机、

---

① 鉴于都强调对岗位任职者的软性素质要求，因此在本书中，岗位"软实力"与"胜任力"，岗位"软实力模型"与"胜任力模型"是等价概念，在文中可能互相代替。

特质，这些特质相对稳定，是不容易变化和发展的。

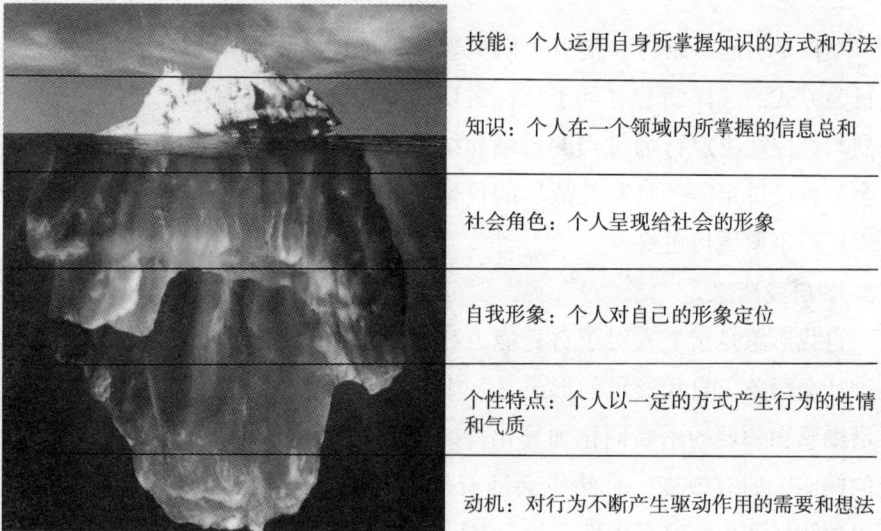

技能：个人运用自身所掌握知识的方式和方法

知识：个人在一个领域内所掌握的信息总和

社会角色：个人呈现给社会的形象

自我形象：个人对自己的形象定位

个性特点：个人以一定的方式产生行为的性情和气质

动机：对行为不断产生驱动作用的需要和想法

**图 2.2　冰山模型图**

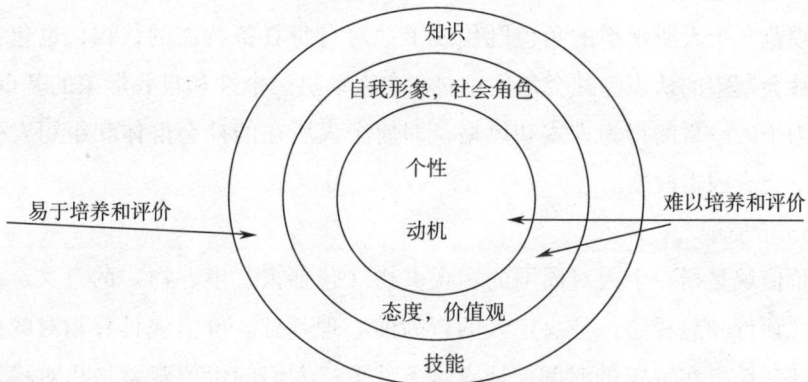

资料来源：Spencer, L. M. & Spencer, S. M. （1993）Competence at Work：Models for Superior Performance. New York：Wiley.

**图 2.3　软实力洋葱模型**

1. 个性

个性是指个人典型的、稳定的心理特征的总和，表现出来的是一个人对外部环境和各种信息的反应方式、倾向和特性。它包括个性倾向性（需要、动机、兴趣、信念、理想和世界观等）和个性心理特征（气质、性格和能力

等）的统一体。

**2. 动机**

动机是引起、维持和指引人们从事某种活动的内在动力，推动并指导个人行为方式的选择朝着有利于目标实现的方向前进，并且防止偏离。动机的强烈与否往往决定行为过程的效率和结果。比如，具有强烈成功动机的人常常会为自己设定一些具有挑战性的目标，并尽最大努力去实现它，同时积极听取反馈争取做得更好。

**3. 自我形象**

自我形象是指个人对于自身能力和自我价值的认识，是个人期望建立的某种社会形象。自我形象的形成是一个具有社会性和渐进性的过程，并且需要借助感知领域的不断同化和异化持续塑造。自我形象一经形成，有拒绝改变的倾向，如有改变，情绪也会随着发生改变。自我形象作为动机的反应，可以预测短期内有监督条件下的个人行为方式。

**4. 社会角色**

社会角色是指个体在社会中的地位、身份以及和这种地位身份相一致的行为规范。个人所承担的角色既代表了他对自身具备特征的认识，也包含了他对社会期望的认识。社会角色建立在个人动机、个性和自我形象的基础上，表现为个人一贯的行为方式和风格，即使个人所在的社会群体和组织发生变化也不会有根本改变。

**5. 价值观**

价值观是指一个人对周围的客观事物（包括人、事、物）的意义、重要性的总评价和总看法，是决定人的行为的心理基础。价值观具有相对的稳定性和持久性，在特定的时间、地点、条件下，人们的价值观总是相对稳定和持久的。在同一客观条件下，对于同一个事物，由于人们的价值观不同，就会产生不同的行为，并且将对组织目标的实现起着完全不同的作用。

**6. 态度**

态度是个体对客观事物所持有的一种持久而一致的心理和行为倾向，是自我形象、价值观和社会角色综合作用外化的结果，主要包括：（1）认知成分，即个人对人、工作和物的了解；（2）情感成分，即个人对人、工作、物的好恶、带有感情的倾向；（3）行为成分，即个人对人、工作和物的实际反

应或行动态度。

7. 知识

知识是指个人在某一领域所拥有的陈述性知识和程序性知识。其中，陈述性知识由人们所知道的事实组成，这些知识一般可以用语言进行交流，它可以采取抽象和意象的形式；程序性知识则是指人们所知道的如何去做的技能，此类知识很难用语言表达。

8. 技能

技能是指一个人结构化地运用知识完成具体工作的能力。技能是否能够产生绩效，受动机、个性和价值观等软实力要素的影响。

一般情况下，在管理实践中，人们比较重视知识技能的考察，但是却往往忽视了自我概念、特质、动机等方面的考察；然而，实际上知识、技能固然重要，但这仅仅是招聘选拔、培训和绩效考核的基本要求。如果需要清晰地区分绩效表现一般者和优秀者，还需要针对自我概念、核心的动机和特质几个方面进行辨别，因为这些内核部分长期、深刻、有效地影响着表层的内容，这也是用软实力方法比传统的智力测验更加有效的原因之一。

（四）几种常见的通用软实力（胜任力）模型

1982 年，Richard Boyatzis 对 12 个工业行业的公共事业和私营企业的 41 个管理职位的 2000 多名管理人员的软实力进行了全面分析，使用了行为事件访谈、图画—故事技术和学习风格问卷方法，得出了管理人员的软实力（胜任力）通用模型。他分析了不同行业、不同部门、不同管理水平的软实力模型的差异，提出管理者的软实力模型包括六大特征群：目标和行动管理、领导、人力资源管理、指导下属、关注他人、知识。在这六大特征群的基础上，Richard Boyatzis 具体阐释了 19 个子软实力特征：效率定向、主动性、关注影响力、判断性地使用概念、自信、概念化、口才、逻辑思维、使用社会权力、积极的观点、管理团队、准确的自我评价、发展他人、使用单向的权力、自发性、自控、自觉的客观性、精力和适应性、关注亲密的关系等。

前 Meber & Company 咨询公司总裁 Lyle M. Spenccr 曾于 1989 年对 200 多种工种进行了研究，试图发现管理人员普遍具有的工作软实力因素结构，综合了 360 种行为事件，归纳出 21 项软实力因素。最后，他建立了包括技术人

员、销售人员、社会服务人员、经理人员和企业家五大类行业通用的软实力模型，每一个软实力模型包括10项左右的软实力特征因素。其中，企业家的软实力特征模型包括以下软实力特征因素：（1）成就：主动性、捕捉机遇、信息收集、关注效率等；（2）思维与问题解决：系统计划、解决问题能力等；（3）个人形象：自信、专业知识等；（4）影响力：说服、运用影响策略等；（5）指导与控制：指导下属、过程控制等；（6）体贴他人：关注员工福利、发展员工等。为了更好地说明通用软实力模型，我们特别制作了表2.1至表2.5。需要指出的是：这些通用模型虽然具有一定的参考价值，但由于模型建构是基于国外的被试的结果，因此，在我国的适用性仍需要进一步验证。

表2.1　　　　　　　　企业家通用软实力（胜任力）模型

| 权重 | 软实力 |
| --- | --- |
| 6 | 成就欲、主动性、捕捉机遇、坚持性、信息搜集、质量与信誉意识 |
| 5 | 系统性计划、分析性思维 |
| 4 | 自信、专业经验、自我教育 |
| 3 | 影响力 |
| 2 | 指挥 |
| 1 | 发展下属、公关能力 |

表2.2　　　　　　　　经理人员通用软实力（胜任力）模型

| 权重 | 软实力 |
| --- | --- |
| 6 | 影响力、成就欲 |
| 4 | 团队协作、分析性思维、主动性 |
| 3 | 发展他人 |
| 2 | 自信、指挥、信息搜集、概念性思维、团队领导 |
| 1 | 权限意识、公关能力、技术专长 |

表2.3　　　　　　　　销售人员通用软实力（胜任力）模型

| 权重 | 软实力 |
| --- | --- |
| 10 | 影响力 |
| 5 | 成就欲、主动性 |
| 3 | 人际洞察力、客户服务意识、自信 |
| 2 | 公关能力、分析性思维、概念性思维、信息搜集、权限意识 |
| 1 | 相关技术或产品专业知识 |

表 2.4 专业技术人员通用软实力（胜任力）模型

| 权重 | 软实力 |
|---|---|
| 6 | 成就欲 |
| 5 | 影响力 |
| 4 | 分析性思维、主动性 |
| 3 | 自信、人际洞察力 |
| 2 | 信息搜集、技术专长、团队协作 |
| 1 | 客户服务意识 |

表 2.5 社区服务人员通用软实力（胜任力）模型

| 权重 | 软实力 |
|---|---|
| 5 | 影响力、发展下属 |
| 4 | 人际洞察力 |
| 3 | 自信、自我控制、个性魅力、组织承诺、技术专长、客户服务意识、团队协作、分析性思维 |
| 2 | 概念性思维、主动性、灵活性、指挥 |

McClelland 领导的 Hay Group 公司基于 30 多年的软实力（胜任力）研究，利用遍布全球的分公司力量，建立了丰富的模型库，并不断完善。

在我国，关于软实力（胜任力）的研究虽然起步较迟，但已有不少研究者和政府机构及企事业单位开始此方面的研究和应用。

时勘、王继承（2002）运用行为事件法对我国通信行业管理干部的软实力（胜任力）进行实证研究。研究结果表明，我国通信业管理干部的软实力模型包括 10 项软实力：影响力、社会责任感、调研能力、成就欲、驾驭能力、人际洞察能力、主动性、市场意识、自信、人力资源管理能力。这一研究得到了与西方管理人员大致相符的软实力模型，我国首次验证了软实力评价更能区分出优秀管理干部和一般管理干部。

时勘、仲理峰（2003）对我国家族企业软实力（胜任力）进行了实证研究，构建了通信行业和家族企业管理者软实力模型，包括权威导向、主动性、捕捉机遇、信息搜集、组织意识、指挥、仁慈关怀、自我控制、自信、自主

学习和影响他人 11 项软实力特征。其中权威导向、仁慈关怀是我国家族企业高层管理者独有的软实力。

　　王重鸣、苗青（2003）借助结构方程建构软件 AMOS，通过编制《管理综合素质关键行为评价量表》，指出管理者软实力模型由管理素质和管理技能两个维度构成，但不同层次管理者具有不同的结构要素。正职的价值倾向、诚信正直、责任意识、权力取向等构成了管理素质维度；而协调监控能力、战略决策能力、激励指挥能力和开拓创新能力则构成了管理技能维度。对于副职来说，管理素质维度由价值倾向、责任意识、权力取向 3 个要素构成，管理技能维度由经营监控能力、战略决策能力、激励指挥能力 3 个要素构成。正副职层次职位在管理软实力特征上形成差异结构，正职的战略决策能力更为关键，而副职的责任意识更为重要，同时，正职职位对诚信正直和开拓创新能力两个要素有更高的要求。

　　鉴于不同行业不同岗位对软实力模型有不同要求，因此，与行业紧密结合的软实力建模运动在国内也逐步开展起来。在银行业，黄勋敬、李光远、张敏强（2007）构建了商业银行行长软实力（胜任力）模型。该模型同一般管理人员的软实力模型既有相似之处，也有其独特性，充分反映了商业银行行长所从属的金融行业的特色。

**表 2.6　　　　　　　商业银行行长软实力（胜任力）模型**

| 行长组别 | 软实力 | | |
|---|---|---|---|
| 鉴别性软实力 | 执行力 | 分析性思维 | 客户导向与市场意识 |
| | 资源配置意识 | 创新与开拓意识 | 组织协调和领导能力 |
| | 团队意识 | 公关能力 | 信息搜集 |
| 基准性软实力 | 风险意识 | 成本意识 | 正直诚实 |
| | 责任心 | 专业知识 | 培养下属 |
| | 明确的发展目标 | 学习能力 | 服务意识 |
| | 成就导向 | 沟通技能 | 遵守规则 |
| | 主动性 | | |

　　为了考量模型的有效性，黄勋敬带领团队不仅采用焦点访谈法、问卷验证法进行验证，还在国内率先采用了绩效追踪研究法进行了验证，研究结果

表明，本模型具有较好的信度和效度，能够有效区分绩效表现不同的行长（黄勋敬，2008）。

## 三、业界对软实力建模有什么主要方法

软实力建模方法等同于胜任力建模，这起源于 30 年前 McClelland 的研究工作。在此基础上，建模方法在各组织中得到进一步发展，从而衍生了许多方法。综合前人对软实力模型建模的研究，目前研究软实力建模的主要思路有三种。

第一，确定与组织核心观念和价值观一致的软实力（战略导向法）。这种研究思路揭示了"冰山"模型中的深层软实力，它是基于某一职业或专业所做的该职业所必需的职责和任务分析，主要是建立绩效标准，然后采用职业分析方法，产生一个广泛的软实力清单。

第二，根据以往的成功经验和事例预测将来能否胜任工作（行为事件访谈法）。这种思路最典型的方法是行为事件访谈法（Behavioral Event Interview，BEI）。这种方法源于 McClelland、McBer 公司、哈佛商学院等的研究（Klemp，1977；Spemcer，1983），目前被我国许多研究者和企业管理人员所采用。其具体步骤为确定效标与效标群组、实施 BEI 访谈、对访谈文本进行内容分析、进行访谈文本的编码、确定软实力模型。该方法在发现特定的软实力要素、内容等方面都具有重要作用。

第三，根据行业关键成功因素（KSF）开发软实力模型（标杆研究法）。收集并分析研究其他同行业或同发展阶段的类似公司的软实力模型，通过小组讨论或者研讨会的方式，从中挑选适用于本公司的素质，形成软实力模型。

三种方法各自的优缺点详见表 2.7。

表 2.7　　　　　　　企业构建软实力模型的三种方法

| 方法 | 优点 | 缺点 |
| --- | --- | --- |
| 1. 战略导向法<br>根据公司的战略进行逐步分解，通过小组讨论或者研讨会的方式得出针对某类员工的关键素质，并形成每个素质的定义和层级 | 所建立的软实力模型能体现出未来战略的导向性和牵引性<br>比较符合公司的现状，可以集中反映战略对人员的要求 | 缺乏实际的行为数据来支撑软实力模型的有效性<br>容易受建模人员个人想法的影响，有一定的主观性 |

续表

| 方法 | 优点 | 缺点 |
|---|---|---|
| 2. 标杆研究法<br>收集并分析研究其他同行或同发展阶段的类似公司的软实力模型，通过小组讨论或者研讨会的方式，从中挑选适用于本公司的素质，形成软实力模型 | 所建立的软实力模型具有广泛的适用性，可参考性高<br>所有的素质经过分析、比较和研究后，相对来说较成熟，可操作性强 | 所建立的软实力模型与其他公司共性过多，缺乏自己的特性<br>没有本公司的实际行为数据来支撑软实力模型的有效性和适用性 |
| 3. 行为事件访谈法<br>通过对大批人员进行行为事件访谈，收集不同类型人员的行为数据，进行统计分析后得出关键素质，并形成软实力模型 | 有充实的行为数据来支撑软实力模型的有效性，非常客观<br>可以针对收集到的行为数据进行多方面的分析 | 参与访谈的人员有限，会造成样本量不足，影响分析的结果 |

根据软实力（胜任力）的建模实践，业界普遍认为，以行为事件访谈法为基础开发软实力模型是相对较有效的模式。以行为事件访谈法为基础开发软实力模型使数据搜集的过程更加全面和准确，从而可保证软实力结构的有效、合理并且是针对工作环境和职位特点的。这种软实力模型的构建方法在国内外都得到了认同，大量的研究都以此为基础来开发软实力模型。

McClelland 和 Boyatzis 开发了一个以行为事件访谈法为基础的软实力模型的开发程序。这一方法的要点：研究对象集中于出色的业绩者，主要应用行为事件访谈法、访谈资料主题分析法，将分析结果提炼为用行为性的专门术语描述的一系列软实力。此后，Spencer 在 McClelland 的基础上完善了软实力模型构建的方法（见图2.4）。

通过行为事件访谈法建立软实力模型的程序简要来说一般包括以下步骤：

第一步，定义绩效标准。可以采用指标分析和专家小组讨论的办法，提炼出鉴别工作优秀的员工与工作一般的员工的绩效标准。这些指标应有硬指标，如利润率、销售额等；还必须有软指标，如行为特征、态度、服务对象的评价等。

第二步，选取分析样本。根据第一步确定的绩效标准选择适量的表现优秀的样本和表现一般的样本，并以此作为对比样本。

第三步，获取样本有关软实力的数据资料。有许多种方式，但一般以行为事件访谈法为主。行为事件访谈法是一种开放式的行为回顾式调查技术，

| 确定绩效有效标准 | 选择"效标"样本 | 收集资料 | 建立软实力模型 |
|---|---|---|---|
| 硬指标：销售额，利润率等<br><br>软指标：上级、同行、下级、顾客的评价等 | 优秀业绩组<br>普通业绩组 | 实地观察<br>行为事件访谈<br>主题分析<br>360°评价<br>专家系统数据库 | 假设产生<br>主题分析<br>概念形成 |

| 应用软实力模型 | 验证软实力模型 |
|---|---|
| 人员甄选、绩效评估、培训与开发、薪酬管理、职业发展计划 | 行为事件访谈<br>问卷调查<br>评价中心 |

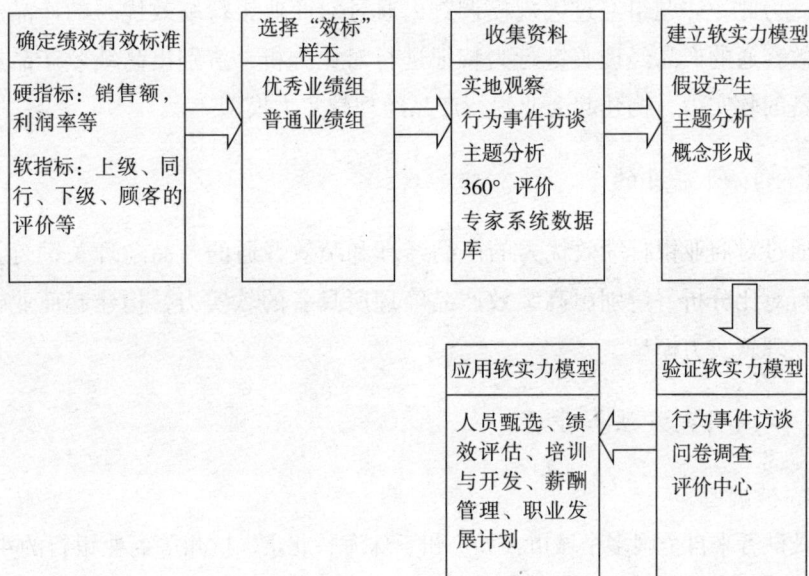

图 2.4  基于行为事件访谈法的软实力建模流程图

一般采用问卷和面谈相结合的方式。通过这样的访谈，获得关于过去事件的全面报告，然后通过独立的主题分析，对导致绩效优秀和绩效一般的思想和行为进行整理归类，整合各自的结果，形成区分绩优者和一般者的关键行为。

第四步，建立软实力模型。对上述数据资料进行统计分析，找出两组样本的共性和差异特征，并根据存在区别的软实力构建软实力模型。

第五步，验证软实力模型。可以选择另外两组样本重复上面的第三步和第四步，进行效度检验；也可以选择合适的效标对所得模型进行比较、评价。

第六步，应用软实力模型。将软实力模型应用于人员甄选、绩效评估、培训与开发、薪酬管理、职业发展计划等各项人力资源管理活动，并进一步在实践中验证。

## 四、商业银行产品经理软实力模型具体是如何构建的

为了应对国内外各商业银行的竞争及经济金融危机对银行业的挑战，建立产品经理软实力模型，有助于确立产品经理选拔培训的软实力标准，从而

更好地发挥产品经理对产品研发、设计、推广和管理的作用，促进银行业的发展。为此，课题组经过大规模调查，通过对商业银行绩效优秀的产品经理和绩效普通的产品经理关键行为特征进行对比分析，辨别出高绩效产品经理所具备的软实力，构建起商业银行产品经理软实力模型。

## （一）研究目的

通过对商业银行绩效优秀的产品经理和绩效普通的产品经理关键行为特征进行对比分析，辨别出高绩效产品经理所具备的软实力，构建起商业银行产品经理软实力模型。

## （二）研究方法和步骤

### 1. 被试者

被试者来自全国多个城市，如广州、珠海、北京、杭州等商业银行的 47 位产品经理参与访谈。所有访谈对象均在产品经理或相关职位上有一定的工作经验，对其职能和职责有充分的了解。本研究在几个不同的城市取样，采取先拟定大概样本进行访谈再确定效标样本的顺序。本研究采用同事推荐的方式，结合年度和季度工作绩效考评的标准来划分绩优组和普通组。最后，完成访谈的共 47 人，其中 19 人为绩优组，19 人属于普通组；另外因访谈质量问题删除 9 人资料，不列入研究。被访谈人员不知道自己的组别，以防影响到访谈的效果。

### 2. 工具与材料

（1）录音用 MP3 四个。

（2）"商业银行产品经理关键事件访谈提纲"若干份。该访谈提纲是按照经典的关键行为事件访谈的形式来设计，该方法由中国科学院时勘博士引进，并在国内经过反复验证得出，是信度和效度比较高的方法之一。

在"商业银行产品经理关键事件访谈提纲"中，主体部分由被访谈者对其职业生涯中 3 个成功事件和 3 个不成功事件的描述以及被访谈者的工作职责组成；重点在于访谈者与被访谈者之间的互动和沟通。这个访谈提纲不仅是我们与产品经理进行面对面深度访谈时的主要思路，我们还将它制作成问卷形式，作为非广东地区商业银行产品经理软实力特征笔谈问卷，从而使我们的访谈对象数量得到足够的保障。

（3）"商业银行产品经理软实力编码词典"。这本研究软实力特征的编码词典中，包括专门针对银行产品经理本职工作的 35 项软实力特征的编码评分列表，其中每一项软实力特征由描述性的定义和多个可操作的行为指标或描述组成。这些软实力特征的行为指标在一个或多个维度从低到高排列出清楚的层级，这些层级构成每个软实力特征的不同评分。评分以 0 分为中点，负分可能出现在一些表现普通的从业人员身上，例如"责任心"的行为指标分为 8 个层级，评分依次为 –1 分、0 分、1 分、2 分、3 分、4 分、5 分、6 分，在访谈资料中出现的某个行为与哪个行为指标层级符合，就评哪个层级的分数。

3. 方法

行为事件访谈法。

4. 访谈过程

按照随机原则，在国内若干个城市的一级或二级商业银行分行抽取若干人参与产品经理软实力特征访谈。在固定时间段内，研究者按访谈提纲对相关产品经理进行访谈。访谈时，先解释访谈的目的和作用，消除被访谈者的顾虑，提高其参与的积极性。访谈结束后，根据一定原则筛选出不合格访谈被试者，最终收回合格访谈被试共 38 份，合格率为 81%。

5. 软实力特征编码

先将访谈资料进行转录，形成文本，删除或匿藏量表中所涉及的人名、单位和其他的特征，但并不对其内容进行任何加工，保证文本内容忠实于被访者本意。文本资料共 38 份，每份只有编号，没有姓名。访谈资料由研究者和另一名心理学专业研究生组成的两人编码小组负责编码。编码者认真学习"商业银行产品经理软实力特征编码词典"，加强对编码中可能不一致的胜任特征进行分析、讨论，消除理解上的分歧，同时对过程中有必要新增加的软实力特征及时进行增补和加强理解。在反复沟通、认识一致的基础上，编码者将 38 份访谈文本根据"商业银行产品经理软实力特征编码词典"，进行独立编码。

6. 数据处理

在两位编码者完成编码工作的基础上，采用 SPSS11.5 统计软件进行编码数据统计和分析，包括：对访谈长度与软实力特征发生频次、平均等级分数、最高等级分数等计分方式的关系进行相关分析；两个独立编码者的评分一致性分析；两组访谈长度、访谈时间及两组软实力特征的差异性检验等。

## （三）结果与分析

**1. 受访人员提供的关键工作事例统计**

总体而言，普通组和绩优组所提供的关键事件都被分为产品营销/推广、业务办理、产品研发、团队建设、制度建立/改革五大类，每个组的访谈者所提供的事件数目各异，具体分布见表2.8。

**表2.8** **受访者提供关键事件类型比例表** 单位：%

|  | 产品营销/推广 | 业务办理 | 产品研发 | 团队建设 | 制度建立/改革 |
|---|---|---|---|---|---|
| 绩优组 | 31.4 | 25.7 | 22.9 | 5.7 | 14.3 |
| 普通组 | 23.3 | 27.9 | 37.2 | 4.7 | 7.0 |

**2. 长度（字数）分析**

为了确保各高绩效组和低绩效组的软实力差异不是由访问长度所造成的，我们先对高绩效组和低绩效组的访谈长度进行差异显著性检验。总体上，访谈对象平均长度为1034字，其中绩优组的访谈长度平均为1227字，普通组的访谈长度平均为840.89字。在访谈长度上，两组之间非常差异显著（$P < 0.01$）。详见表2.9和图2.5。

**表2.9** **绩优组与普通组的访谈长度比较表**

|  | 绩优组 | | 普通组 | | $t$值 | 自由度 | $P$值 |
|---|---|---|---|---|---|---|---|
|  | 均值 | 标准差 | 均值 | 标准差 | | | |
| 长度（字数） | 1227.00 | 309.34 | 840.89 | 286.68 | 3.88 | 36 | 0.0002 |

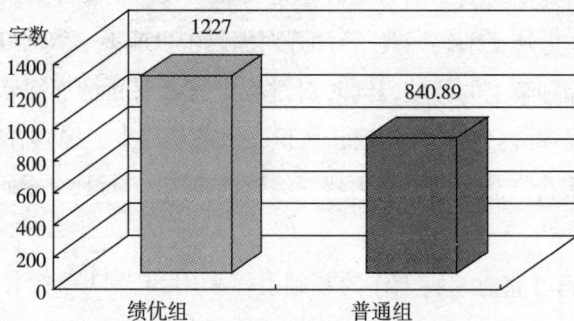

**图2.5 绩优组与普通组的访谈长度比较**

表 2.10 显示了软实力的发生频次、平均等级分数和最高等级分数与访谈长度之间的相关性。在进行行为时间的编码和相关数据统计处理时，软实力特征的计分指标有 3 种，分别是软实力特征的发生频数、软实力特征平均等级分数、软实力特征最高等级分数。但是，以往研究的结果和统计惯例都是采用平均等级作为编码的典型数据指标。因此，本研究也沿用以往的统计标准，采用平均等级来作为胜任特征的统计数据。结果显示，有 10 项软实力特征的平均等级分数与访谈文本长度相关显著（$P < 0.05$），说明对 BEI 文本资料采用胜任特征平均等级分数指标计分较稳定，相对而言受访谈长度影响比较小，因此，对大部分的软实力特征项目用平均水平来衡量，其结果是稳定的。

表 2.10    软实力特征平均分数的相关系数与 $P$ 值比较表

| | 与字数的相关系数 | $P$ 值 |
|---|---|---|
| 执行力 | 0.45 | 0.06 |
| 资源配置 | 0.45 | 0.06 |
| 成本控制 | 0.47 | 0.05 * |
| 重视规范 | 0.27 | 0.27 |
| 风险管理 | 0.15 | 0.54 |
| 知识经验 | −0.18 | 0.48 |
| 客户市场导向 | 0.55 | 0.02 * |
| 信息搜集 | 0.47 | 0.05 * |
| 政治能力 | 0.13 | 0.59 |
| 推动改进 | 0.37 | 0.13 |
| 人际交往 | 0.46 | 0.06 |
| 组织协调领导力 | 0.53 | 0.03 * |
| 目标意识 | 0.55 | 0.02 * |
| 服务意识 | 0.30 | 0.22 |
| 学习能力 | 0.09 | 0.73 |
| 公关能力 | 0.43 | 0.08 |
| 分析判断 | 0.52 | 0.03 * |
| 团队意识 | 0.65 | 0.00 ** |
| 成就导向 | 0.27 | 0.27 |
| 创新开拓 | 0.36 | 0.14 |
| 快速反应 | 0.30 | 0.22 |

续表

| | 与字数的相关系数 | $P$ 值 |
|---|---|---|
| 监控能力 | 0.25 | 0.32 |
| 委托能力 | 0.31 | 0.21 |
| 计划能力 | 0.60 | 0.01 ** |
| 过程管理 | 0.50 | 0.03 * |
| 诚实正直 | 0.49 | 0.04 * |
| 责任心 | 0.34 | 0.17 |
| 坚韧性 | 0.12 | 0.63 |
| 严谨稳健 | 0.43 | 0.07 |
| 灵活性 | 0.37 | 0.13 |
| 主动性 | 0.43 | 0.07 |

注：* 表示在 0.05 水平上相关显著，* * 表示在 0.01 水平上相关显著。

### 3. 差异检验

本研究对绩优组与普通组胜任特征的平均等级分数进行差异显著性检验。结果显示，共有 18 个词条在两组中达到显著或边缘显著差异。执行力、资源配置、成本控制、客户市场导向、组织协调领导、服务意识、分析判断、开拓创新、快速反应、监控能力、诚实正直、责任心、严谨稳健、主动性等词条在 0.01 水平上达到统计学显著性差异，而人际交往、目标意识、团队意识和成就导向仅在 0.05 水平上差异显著。具体差异显著性检验结果见表 2.11。

**表 2.11    绩优组与普通组的软实力特征平均等级分数差异显著性检验**

| | 绩优组（$n = 19$） | | 普通组（$n = 19$） | | df | $t$ |
|---|---|---|---|---|---|---|
| | Mean | SD | Mean | SD | | |
| 执行力 | 1.61 | 1.46 | 0.56 | 0.88 | 36 | 2.61 ** |
| 资源配置 | 1.11 | 1.22 | 0.22 | 0.67 | 36 | 2.71 ** |
| 成本控制 | 0.67 | 0.83 | 0.00 | 0.00 | 36 | 3.42 ** |
| 重视规范 | 1.17 | 0.98 | 0.78 | 1.00 | 36 | 1.18 |
| 风险管理 | 0.61 | 0.99 | 0.28 | 0.57 | 36 | 1.23 |
| 知识经验 | 1.84 | 1.39 | 2.33 | 1.16 | 36 | −1.15 |
| 客户市场导向 | 2.53 | 0.69 | 0.92 | 0.71 | 36 | 6.90 ** |
| 信息搜集 | 2.11 | 1.16 | 1.56 | 1.28 | 36 | 1.35 |
| 政治能力 | 0.28 | 0.57 | 0.2 | 0.32 | 36 | 0.52 |

续表

| | 绩优组（$n=19$） | | 普通组（$n=19$） | | df | t |
|---|---|---|---|---|---|---|
| | Mean | SD | Mean | SD | | |
| 推动改进 | 0.50 | 1.06 | 0.33 | 0.66 | 36 | 0.58 |
| 人际交往 | 2.47 | 1.13 | 1.50 | 1.33 | 36 | 2.36* |
| 组织协调领导力 | 1.31 | 1.49 | 0.17 | 0.50 | 36 | 3.08** |
| 目标意识 | 2.40 | 1.00 | 1.62 | 1.17 | 36 | 2.15* |
| 服务意识 | 2.42 | 1.32 | 1.22 | 1.10 | 36 | 2.96** |
| 学习能力 | 1.32 | 1.17 | 0.76 | 1.01 | 36 | 1.54 |
| 公关能力 | 2.17 | 1.19 | 1.72 | 1.64 | 36 | 0.94 |
| 分析判断 | 2.69 | 0.85 | 0.90 | 1.07 | 36 | 5.56** |
| 团队意识 | 1.65 | 0.96 | 0.93 | 0.97 | 36 | 2.24* |
| 成就导向 | 1.8 | 1.64 | 0.82 | 0.91 | 36 | 2.22* |
| 创新开拓 | 1.17 | 1.48 | 0.06 | 0.17 | 36 | 3.16** |
| 快速反应 | 2.15 | 1.79 | 0.73 | 1.23 | 36 | 2.77** |
| 监控能力 | 0.50 | 0.79 | 0.00 | 0.00 | 36 | 2.69** |
| 委托能力 | 0.44 | 0.92 | 0.11 | 0.33 | 36 | 1.43 |
| 计划能力 | 1.67 | 1.60 | 0.86 | 1.58 | 36 | 1.53 |
| 过程管理 | 1.56 | 1.58 | 0.87 | 0.83 | 36 | 1.64 |
| 诚实正直 | 0.78 | 0.75 | 0.00 | 0.00 | 36 | 4.41** |
| 责任心 | 2.09 | 1.30 | 0.72 | 1.15 | 36 | 3.35** |
| 坚韧性 | 0.97 | 1.28 | 0.68 | 0.57 | 36 | 0.88 |
| 严谨稳健 | 0.89 | 0.89 | 0.17 | 0.50 | 36 | 2.99** |
| 灵活性 | 1.89 | 1.82 | 1.18 | 1.36 | 36 | 1.33 |
| 主动性 | 2.67 | 1.11 | 1.52 | 1.43 | 36 | 2.70** |

注：*表示在0.05水平上相关显著，**表示在0.01水平上相关显著。

### 4. 软实力评价法的信度分析

两个编码者按照"商业银行产品经理软实力编码词典"，对相同文本进行编码的一致性程度，是影响软实力评价法的重要因素，是编码可靠性、客观性的重要指标。本研究采用归类一致性方法来考察文本编码者之间编码结果的一致性，以确立软实力评价法的信度指标。

归类一致性（Category Agreement，CA）是指评分者之间对相同访谈文本资料的编码归类中相同个数占总个数的百分比。它的计算公式是参照温特

（Winter，1994）的动机编码手册得来的。具体计算公式为：

$$CA = 2S/(T_1 + T_2)$$

式中：$S$ 表示评分者编码归类相同的个数；$T_1$ 表示评分者 1 对某一材料的编码个数；$T_2$ 表示评分者 2 对同一材料的编码个数。根据这个公式，两名编码者对 38 份文本材料进行编码的归类一致性系数 $CA = 65.2\%$，这说明编码者的一致性较好。

## 五、什么是商业银行产品经理软实力初步模型

通过行为事件访谈法并结合专家访谈的分析，寻找出绩效表现优秀和绩效表现一般的产品经理的软实力特征差异，我们形成了商业银行产品经理的软实力模型，它包括两个软实力特征群：工作表现及个人特质。其中工作表现软实力特征群包括执行力、资源配置意识、成本控制、服务意识与市场意识、组织协调和领导力、分析判断能力、成就导向、开拓创新意识、快速反应、监控能力共 10 个胜任特征。个人特质软实力特征群包括诚实正直、责任心、严谨稳健及主动性共 4 个胜任特征。

资深专家访谈结果认为可将软实力特征分为 3 类：个人特质、工作能力以及工作风格和态度。其中，工作能力和工作态度在实际工作中存在千丝万缕的关系，是不能截然分开的。因此，本研究将有差异显著性的软实力特征合并为两类——个人特质和工作表现。

**表 2.12**　　　　　　　　　　　**商业银行产品经理软实力特征**

| 软实力特征群 | 软实力特征 |
|---|---|
| 工作表现 | 执行力、资源配置意识、成本控制、服务意识与市场意识、组织协调和领导力、分析判断能力、成就导向、开拓创新意识、快速反应、监控能力 |
| 个人特质 | 诚实正直、责任心、严谨稳健、主动性 |

# 第三章 商业银行产品经理
# 胜任力模型是如何验证的

**本章提要** 在商业银行产品经理软实力模型初步形成的基础上，我们编制了"商业银行产品经理软实力特征自评量表"并进行相应大规模从业人员测试，使用多种统计方法对量表进行数据分析，包括因子分析、信效度计算、结构方程验证等，考察量表数据是否与使用 BEI 访谈所获得的胜任力模型相吻合，从而验证了商业银行产品经理软实力模型。

## 一、研究的问题和目的

在软实力模型建立之后，我们请具有丰富实践经验的人力资源管理专家、心理学专家以及银行中高层管理者对该模型进行了评价，得到了较普遍的认同。然而抽象的概念无法直接用来测量个体的真实表现，该模型的实证效度如何？利用该模型进行产品经理的选拔与测评是否能够选出未来能产生高绩效的商业银行产品经理？为了能够进一步探索产品经理软实力与其绩效的关系，需要在软实力模型的基础上开发出软实力测量工具，使抽象的、概念化的各项软实力指标可操作化。在本章中，笔者将产品经理软实力模型细化开发成软实力问卷，通过问卷进行数据收集，然后对问卷进行各种检验并形成产品经理软实力量表，并结合统计分析方法进行研究分析。其研究目的包括：

（1）编制"商业银行产品经理软实力特征自评量表"。

（2）验证"商业银行产品经理胜任软实力自评量表"的信度和效度。

（3）验证软实力模型的有效性，即验证"商业银行产品经理软实力问卷"包含的各维度与前项研究中所获得的产品经理软实力模型各维度的吻

合性。

## 二、研究方法和步骤

### (一) 被试者

本研究取样时回避曾接受访谈或访谈的受访人员，共在全国各地，包括北京、广州、东莞、武汉、福州等城市的商业银行中随机选取产品经理从业被试。本研究共发放问卷 1350 份，回收问卷 1208 份，剔除不合格量表 139 份，获有效样本 1069 份，其中男性 686 人、女性 383 人，样本平均从业时间 $3.69 \pm 2.51$ 年。由于研究要进行量表的项目分析、探索性因子分析和结构方程模型检验，且探索性因子分析与结构方程模型检验不能使用同一样本数据，否则不能达到验证的目的，因此本研究采取一次取样，再将样本随机分为两半，一半用于 EFA，一半用于 SEM。即采用简单随机抽样法将 1069 份有效问卷分成两部分，将其中 535 份量表数据用于探索性因子分析，剩下的 534 份量表作为结构方程模型检验的样本数据。

### (二) 工具

自编的"商业银行产品经理软实力特征自评量表"。

### (三) 步骤

第一步，确定软实力特征自评量表的维度。在 BEI 访谈的研究分析中，我们发现银行产品经理软实力模型的 14 项胜任特征，并将之分为个人特质和工作表现两个维度。除了诚实正直、责任心、严谨稳健、主动性属于个人特质的维度，其他软实力特征则归入工作表现维度。同时，为了获得更加准确和更加适应银行特质的模型，研究中也加入了抗压能力、学习能力等相关特质的题目，有助于改善初步模型以达到最佳效果。

另外，为了从大规模的测试中筛选出不合格的自评量表，在编制的时候还特别设计了测谎维度以及相关原始项目。因此，"商业银行产品经理软实力特征自评量表"共有执行力、资源配置、成本控制、服务意识与市场意识、组织协调领导能力、分析判断能力、开拓创新意识、快速反应、监控能力、诚实正直、责任心、严谨稳健、主动性、抗压能力以及测谎题 15 个维度。

第二步，编制"商业银行产品经理软实力特征自评量表"的原始项目。该量表的原始项目主要是基于初步模型的软实力特征进行编制的，但是同时参考了三大方面的资料和信息：首先是以往相关文献以及商业银行产品经理职位说明书、考核管理制度等文献资料，其次是研究一所编制的"商业银行产品经理软实力特征编码词典"的行为指标，最后是前面研究所搜集到的BEI 文本资料和访谈资料。自评量表需检测 14 项软实力特征以及测谎维度，每一软实力特征编制的项目数相等，每个维度 8 题，共 120 个测试项目，全部采用五点等级自评方式测量。这些项目是对产品经理行为的描述。每个项目都事先经过心理学专家、银行专业研究人员的评价，保证每个测验项目表述的准确性、清晰性。

最后对 120 个项目进行随机编排，组成"商业银行产品经理软实力特征自评量表"。实施测验时，增加了自编的个人背景资料调查，包括性别、年龄、最高学历、从业时间、主要职责、工作表现、工作地区以及服务分行等人口统计学变量和工作状况。

第三步，量表的实施及修订。按照一定的抽样标准，选取若干各分行或支行产品经理进行问卷调查，并及时回收测验结果。依据项目分析和探索性因子分析结果，剔除不符合要求的项目，对"商业银行产品经理软实力特征自评量表"进行修订。

第四步，量表验证。通过统计分析对"商业银行产品经理软实力特征自评量表"的信度和效度进行验证，包括信度分析、相关分析及验证性因子分析等。

（四）数据处理

研究所收集的相关量表使用 SPSS11.5 及 Amoss5.0 统计软件进行数据分析。对计量资料先进行正态性检验，对不符合正态分布的数据进行转换。使用的统计方法主要为相关分析、t 检验、探索性因子分析、信度分析、验证性因子分析。

## 三、研究结果

### （一）项目分析

本研究采用以下区分度和鉴别力指数两项指标对"商业银行产品经理软实力特征自评量表"进行项目分析。其中以每个项目得分与总分之间的积差相关系数作为区分度的指标，计算各项目与总量表的 Pearson 相关系数，相关系数大小需达到显著性水平，相关系数不显著意味着该项目缺乏区分度；鉴别力指数是表示不同水平被试反应的区分程度。通过鉴别力指数可以剔除不能很好地区分不同水平被试反应的项目。鉴别力指数的计算需采用差异显著性检验，首先将总分按从高到低的顺序排列，然后对得分前 27% 的高分组与得分后 27% 的低分组在每题得分平均数上做独立样本的 t 检验，其差异也需达到显著性水平。根据这两个标准，本研究共删减 25 个题项，剩下 87 个题项参加因子分析的统计（8 道测谎题除外）。

### （二）因子分析

#### 1. 因子分析的适当性

量表中各项目之间的相关性是进行因子分析的先决条件。因子分析要求项目间的相关通过 Bartlett 球形检验，结果需到达显著。另外，还有 Kaiser – Meyer – Olkim（KMO）检验值的规定：KMO 系数在 0.9 以上非常适合于作因子分析；在 0.80 ~ 0.90 之间比较适合作因子分析；在 0.70 ~ 0.80 可以作因子分析；在 0.60 ~ 0.70 为一般，但在 0.6 以下则不适合作因子分析。

本研究参与因子分析的变量共 87 个（除去测谎题 8 道），对其进行 Bartlett 球形检验，其值为 8652.73，显著性水平为 0，说明变量内部有共享因子的可能性。Kaiser – Meyer – Olkim 检验值为 0.70。总体而言，量表适合进行因子分析。

#### 2. 量表总体探索性因子分析

我们对样本数据进行探索性因子分析，根据以下标准进一步对题目进行选择以组成正式问卷。其一是标准差理论。若标准差大，说明个体在该项目

得分分布广，能鉴别个体反应的差异，故应剔除标准差小于 1 的项目。其二是因子分析理论，据此应剔除共同度小于 0.16 或负荷值小于 0.40 或公因子方差比小于 0.20 的项目。因此，我们共删除 35 题，形成 52 题的正式问卷。

对 52 题正式问卷重新作探索性因子分析，其 Bartlett 球形检验值为 4323.95，显著性水平为 0.000；其 Kaiser – Meyer – Olkim 检验值为 0.80，证明正式量表十分适合进行因子分析。

根据碎石图和主成分解释的总变异，抽取两个公因子较合适，累计解释变异为 35.6%，聚集在两个因子上的项目数分别是 30 个和 22 个。

3. 两个因子的探索

30 个项目组成因子一，其可行性检验结果为：Bartlett 球形检验值为 2434.61，显著性水平为 0.000；其 Kaiser – Meyer – Olkim 检验值为 0.88，可取 6 个公因子，方差累计解释率为 60.27%。其具体项目数、因子负荷值见表 3.1。第一个公因子包括 8 个项目，命名为专业知识；第二个公因子包括 6 个项目，涉及创新开拓意识、整合思维、调动积极性等项目，故命名为协同创新；第三个公因子命名为公关能力，主要包括对客户、市场、银行内部变化的自我调适、应对处理等能力，共有 6 个项目；第四个是客户意识因子，共 4 个项目，包括分析性思维、客户服务意识等项目；第五个是团队意识因子，主要是对同事、下属的推动、凝聚作用和培养意识，包括 3 个项目；最后是抗压因子，共 3 个项目。

表 3.1　　　　　　　　30 个项目的主成分正交旋转因子矩阵

| 项目代码 | 1 | 2 | 3 | 4 | 5 | 6 |
|---|---|---|---|---|---|---|
| V1 | 0.753 | | | | | |
| A5 | 0.734 | | | | | |
| A3 | 0.646 | | | | | |
| G5 | 0.581 | | | | | |
| A8 | 0.570 | | | | | |
| X5 | 0.547 | | | | | |
| G4 | 0.524 | | | | | |
| D5 | 0.428 | | | | | |
| M8 | | 0.733 | | | | |
| R5 | | 0.713 | | | | |

续表

| 项目代码 | 1 | 2 | 3 | 4 | 5 | 6 |
|---|---|---|---|---|---|---|
| N7 | | 0.581 | | | | |
| A1 | | 0.554 | | | | |
| Q2 | | 0.518 | | | | |
| D7 | | 0.449 | | | | |
| S1 | | | 0.674 | | | |
| M6 | | | 0.650 | | | |
| A7 | | | 0.608 | | | |
| G7 | | | 0.511 | | | |
| S6 | | | 0.509 | | | |
| Q1 | | | 0.394 | | | |
| X1 | | | | 0.719 | | |
| Q7 | | | | 0.571 | | |
| V3 | | | | 0.558 | | |
| S2 | | | | 0.419 | | |
| X8 | | | | | 0.716 | |
| V2 | | | | | 0.597 | |
| S7 | | | | | 0.442 | |
| Q8 | | | | | | 0.771 |
| T8 | | | | | | 0.455 |
| S3 | | | | | | 0.439 |
| 特征值 | 11.08 | 1.80 | 1.54 | 1.45 | 1.17 | 1.05 |
| 方差解释率 | 14.16% | 12.11% | 10.89% | 9.66% | 7.19% | 6.28% |

根据特征值大于 1 的标准，第二个大因子抽取 5 个公因子，其 Bartlett 球形检验值为 1304.02，显著性水平为 0.000；其 Kaiser – Meyer – Olkim 检验值为 0.84，方差累计解释率为 56.89%。5 个公因子的项目数、因子负荷值、特征值等见表 3.2。第一个公因子命名为稳重严谨，包含 6 个项目；第二个公因子为应变能力，共 4 个项目，包括快速反应、应付突发事件等项目；第三个公因子为责任心，共 5 个项目；第四个公因子包括 4 个项目，为信息搜集，包括多项信息检索、问题处理等风格的项目；最后一个公因子是风险意识，主要是在工作中寻找、分析、利用信息来帮助提高工作的主动性，共有 3 个相关项目。

表 3.2　　　　　　　　　**22 个项目的主成分正交旋转因子矩阵**

| 项目代码 | 1 | 2 | 3 | 4 | 5 |
|---|---|---|---|---|---|
| A4 | 0.715 | | | | |
| N8 | 0.694 | | | | |
| R4 | 0.583 | | | | |
| S4 | 0.571 | | | | |
| Z8 | 0.429 | | | | |
| R3 | 0.396 | | | | |
| Q6 | | 0.764 | | | |
| A2 | | 0.655 | | | |
| Z2 | | 0.559 | | | |
| Q3 | | 0.515 | | | |
| G1 | | | 0.740 | | |
| N2 | | | 0.733 | | |
| N5 | | | 0.540 | | |
| R7 | | | 0.460 | | |
| X3 | | | 0.424 | | |
| N4 | | | | 0.791 | |
| K6 | | | | 0.595 | |
| M5 | | | | 0.547 | |
| Y2 | | | | 0.492 | |
| D6 | | | | | 0.802 |
| Q5 | | | | | 0.593 |
| K3 | | | | | 0.478 |
| 特征值 | 7.21 | 1.62 | 1.36 | 1.20 | 1.14 |
| 方差解释率 | 14.11% | 12.58% | 11.80% | 10.71% | 7.70% |

### 4. 二阶因子结构

对 11 个一阶因子进行可行性分析得出，Bartlett 球形检验值为 435.40，显著性水平为 0.000；其 Kaiser – Meyer – Olkim 检验值为 0.77，可以进行探索性

因子分析。另外，根据碎石图和特征值的标准，一阶因子比较适合分为两个二阶因子，具体情况见表3.3。第一个二阶因子由专业知识（F1）、协同创新（F2）、公关能力（F3）、客户意识（F4）、团队意识（F5）和抗压能力（F6）组成，综合各一阶因子的含义将第一个二阶因子命名为"工作技能（D1）"。第二个二阶因子由稳重严谨（F7）、应变能力（F8）、责任心（F9）、信息搜集（F10）和风险意识（F11）组成，综合各一阶因子的含义将之命名为"个人特质与态度"。

**表3.3** 　　　　　　　**11个一阶因子主成分正交旋转因子负荷矩阵**

| 项目 | 工作技能 | 个人特质与态度 |
|---|---|---|
| F5 | 0.756 | 0.112 |
| F1 | 0.739 | − 0.057 |
| F2 | 0.730 | 0.045 |
| F4 | 0.714 | 0.103 |
| F3 | 0.681 | 0.062 |
| F6 | − 0.468 | 0.217 |
| F7 | 0.114 | 0.786 |
| F9 | 0.0664 | 0.784 |
| F8 | − 0.082 | 0.744 |
| F11 | 0.118 | 0.624 |
| F10 | − 0.115 | 0.546 |
| 旋转后特征值 | 2.97 | 2.48 |
| 旋转后解释变异 | 26.30% | 23.21% |
| 累计方差解释率 | 49.51% | |

## （三）信度检验

衡量一个测验信度的首要条件是项目间的内部一致性，可以通过Cronbach α系数和分半信度考察。Cronbach α系数一般要求大于0.70，不同的测验内容对信度的要求不一样，一般能力与成就测验的信度系数常在0.90以上，性格、兴趣以及态度等人格测验的信度系数通常在0.80～0.85，而对自

编量表的要求则在 0.70 水平左右。本研究结果发现，各分量表及总量表的同质信度都比较好，$\alpha$ 系数在 0.69 ~ 0.79，分半信度在 0.67 ~ 0.82，均达到可接受的水平。具体如表 3.4 所示。

表 3.4      商业银行产品经理软实力特征自评量表的信度（$N = 535$）

| | 项目数 | $\alpha$ 系数 | 分半信度 |
|---|---|---|---|
| 工作技能量表 | 52 | 0.75 | 0.67 |
| 个人特质与态度量表 | 30 | 0.69 | 0.76 |
| 总量表 | 82 | 0.79 | 0.82 |

### （四）效度检验

#### 1. 内容效度

量表的内容效度是指测验项目在多大程度上与所要测量的特征范畴吻合。本研究的内容效度从三个方面保证，一是量表的维度设计来自文献查阅以及软实力特征资深专家访谈，提出了量表由个人特质和知识技能两个维度组成，具有科学性和权威性；二是量表项目内容来自于先前建立的"银行业产品经理软实力特征编码词典"和从业人员的行为事件个案访谈资料，贴合实际；三是请心理学专业研究人员评估了量表的语言表述并进行了试测，删除了重复和表达不适当的项目。

#### 2. 结构效度

量表的结构效度是要检验该测验是否真正测量了我们所提出的理论构思。本研究采用三种方法进行考察。一是量表内部一致性。通过相关分析显示，11 个一阶因子（Fl ~ F11）与量表总分相关系数在 0.24 ~ 0.59，两个二阶因子（Dl 和 D2）与量表总分间相关系数分别是 0.71 和 0.56，相关均具有统计学显著性（$P < 0.01$）。

二是聚合效度与辨别效度。聚合效度是指运用不同测量方法测定同一特征时测量结果相似的程度，即不同测量方式应在相同特征的测定中聚合在一起；辨别效度是指不同特征的测量结果不应有高的相关。本研究中，每个一阶因子与其所属的二阶因子之间的相关都高于与另一个二阶因子的相关，如二阶因子"工作技能"与 Fl、F2、F3、F4、F5、F6 等一阶因子的相关系数（0.66 ~ 0.78）较高，而与属于另一个二阶因子"个人特质/态度"的一阶因

子 F6、F7、F8、F9、F10 和 F11 相关则较低（0.01~0.13）。反之，二阶因子"个人特质/态度"与所属的一阶因子 F6、F7、F8、F9、F10 和 F11 相关较高（0.53~0.86），与 F1、F2、F3、F4、F5、F6 等一阶因子的相关较低（0.01~0.12）。D1 和 D2 两个分量表与整个测验总分之间的相关系数（0.71和 0.56）明显大于两个分量表之间的相关系数（0.10）。具体见表 3.5。

表 3.5　　　各一阶因子、二阶因子以及总量表分之间的相关矩阵

| | F1 | F2 | F3 | F4 | F5 | F6 | F7 | F8 | F9 | F10 | F11 | D1 | D2 |
|---|---|---|---|---|---|---|---|---|---|---|---|---|---|
| F1 | 1 | | | | | | | | | | | | |
| F2 | 0.46** | 1 | | | | | | | | | | | |
| F3 | 0.36** | 0.46** | 1 | | | | | | | | | | |
| F4 | 0.40** | 0.38** | 0.41** | 1 | | | | | | | | | |
| F5 | 0.49** | 0.48** | 0.37** | 0.49** | 1 | | | | | | | | |
| F6 | 0.29** | 0.17* | 0.19* | 0.25** | 0.22** | 1 | | | | | | | |
| F7 | 0.01 | 0.10 | 0.12 | 0.14 | 0.12 | 0.03 | 1 | | | | | | |
| F8 | 0.01 | 0.04 | 0.05 | 0.03 | 0.01 | 0.16 | 0.46 | 1 | | | | | |
| F9 | 0.03 | 0.03 | 0.07 | 0.10 | 0.13 | 0.03 | 0.47** | 0.56** | 1 | | | | |
| F10 | 0.10 | 0.05 | -0.02 | 0.01 | 0.01 | 0.27** | 0.32** | 0.29** | 0.28** | 1 | | | |
| F11 | 0.01 | 0.07 | 0.12 | 0.09 | 0.12 | 0.00 | 0.50** | 0.24** | 0.41** | 0.12 | 1 | | |
| D1 | 0.79** | 0.72** | 0.70** | 0.66** | 0.74** | 10.14 | 0.13 | 0.01 | 0.10 | 0.01 | 0.10 | 1 | |
| D2 | 0.011 | 0.05 | 0.06 | 0.11 | 0.11 | 0.12 | 0.76** | 0.75** | 0.86** | 0.53** | 0.54** | 0.101 | 1 |
| SUM | 0.56** | 0.42** | 0.43** | 0.54** | 0.59** | 0.30** | 0.41** | 0.42** | 0.50** | 0.29** | 0.24** | 0.71** | 0.56** |

注：*表示在 0.05 水平上相关显著，**表示在 0.01 水平上相关显著。

本研究通过相关分析显示，两个二阶因子测量不同的心理特征，"个人特质"与其一阶因子相关较高，而与另一个二阶因子"知识技能"的一阶因子相关较低。同样，"知识技能"与其一阶因子相关较高，而与另一个二阶因子"个人特质"下的一阶因子相关较低，说明量表具有较好的聚合效度和辨别效度。

三是通过因子分析。20 世纪 80 年代末 Anderson 提出，在理论模型的构建与发展过程中可以实施交叉验证，即在一个样本中先用 EFA 找出变量的因子结构，建立理论模型，再在另一个样本中用 SEM 去验证和修改模型，这样可以保证量表所测特质的稳定性和可靠性。通过 EFA 表明，本研究量表可以分为两个维度 11 个一阶因子，与量表编制之初的设想基本吻合。为了验证

EFA 所得的因子结构，我们采用 SEM 加以检验和修改模型。

模型1 将11 种软实力特征独立开来，不设定二阶因子，形成一阶11 因子模型。模型2 则将专业知识（F1）、协同创新（F2）、公关能力（F3）、客户意识（F4）、团队意识（F5）和抗压能力（F6）归属于工作技能维度；而稳重严谨（F7）、应变能力（F8）、责任心（F9）、信息搜集（F10）和风险意识（F11）属于个人特质与态度维度，工作技能与个人特质态度相关，组成了一个二阶2 因子一阶11 因子模型。

在 SEM 中，拟合优度指数（Goodness of Fit Index）是用于检验模型是否与样本数据拟合的指标，文献上曾出现的拟合指数有40 多种，本研究采用了几种较常用的拟合指数。卡方值与自由度的比值（$\chi^2/df$），比较拟合指数（Comparative Fit Index，CFI）、常规拟合指数（Normal of Fit Index，NFI）、非常规拟合指数（Non – normal of Fit Index，NNFI）、近似误差均方根（Root Mean Error of Aproximation，RMSEA）、Akaike 的信息准则（Akaike Information Criterion，AIC）。已有研究认为这些拟合指数要达到以下标准才是好的拟合，$\chi^2/df$ 在 2~5，CFI 在 0.9 以上，NFI 和 NNFI 在 0.9 以上最好。有研究认为 RMSEA 小于0.1 表示好的拟合，也有研究认为 RMSEA 应小于 0.08 才表示好的拟合。AIC 用于比较不同模型拟合同一个样本数据的优劣，针对某个特定样本，AIC 越小，模型拟合越好。

从结构方程模型结果发现，模型1 的各个指数都略优于模型2，但模型2 的拟合情况也较好。模型1 和模型2 各项拟合指数见表3.6，软实力特征因子结构图以及标准化路径系数结果见图3.1 和图3.2。模型1 与模型2 相比，模型1 的拟合指数 NNFI、NFI、CFI、GFI 均大于模型2；$\chi^2$、$\chi^2/df$、AIC、RMSEA 均小于模型2。虽然模型1 的拟合指数相对比较理想，但是根据 SEM 理论，在数据分析时不应该完全按照数据的结果和拟合理想状态来判断模型，还应该根据经验和实际需要来选择。因此，综合考虑模型的应用以及简单构造等因素，选择模型2 作为产品经理的软实力模型。

表 3.6　　　　　软实力模型结构方差模型检验结果（$N = 534$）

| 模型 | $\chi^2$ | df | $\chi^2/df$ | NNFI | NFI | CFI | AIC | RMSEA |
|------|------|------|------|------|------|------|------|------|
| 模型1 | 1408.89 | 1219 | 1.16 | 0.97 | 0.85 | 0.98 | 1420.53 | 0.00 |
| 模型2 | 3077.93 | 1303 | 2.3 | 0.91 | 0.84 | 0.91 | 7168.32 | 0.02 |

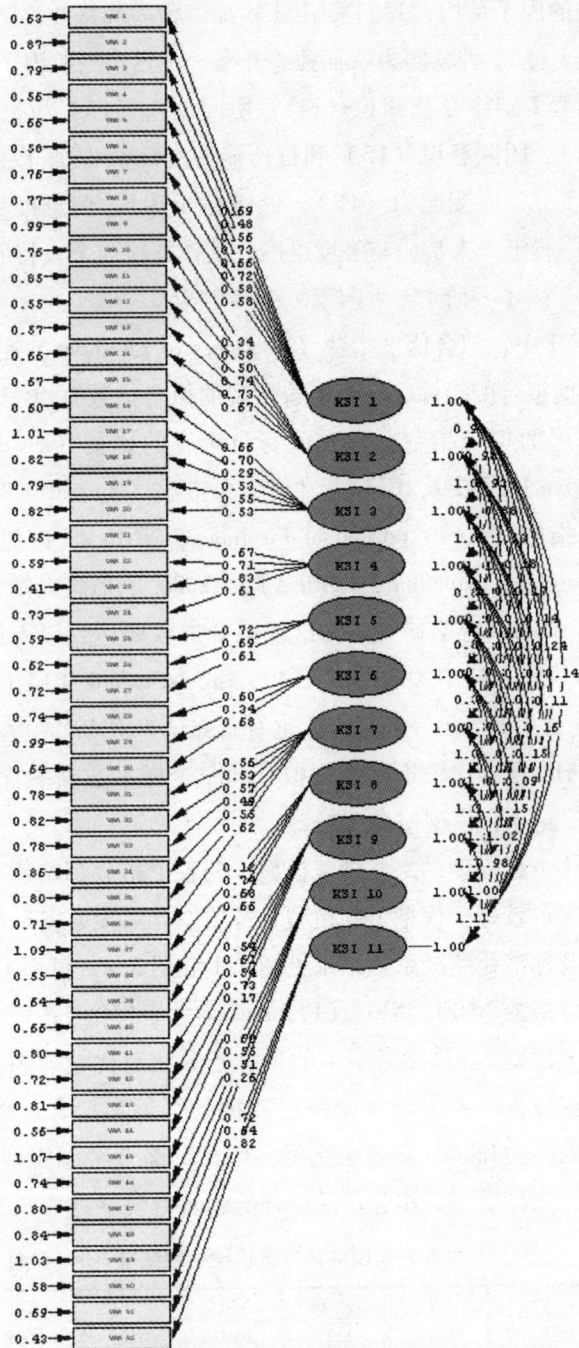

图 3.1　商业银行产品经理软实力模型的 SEM 检验 模型 1

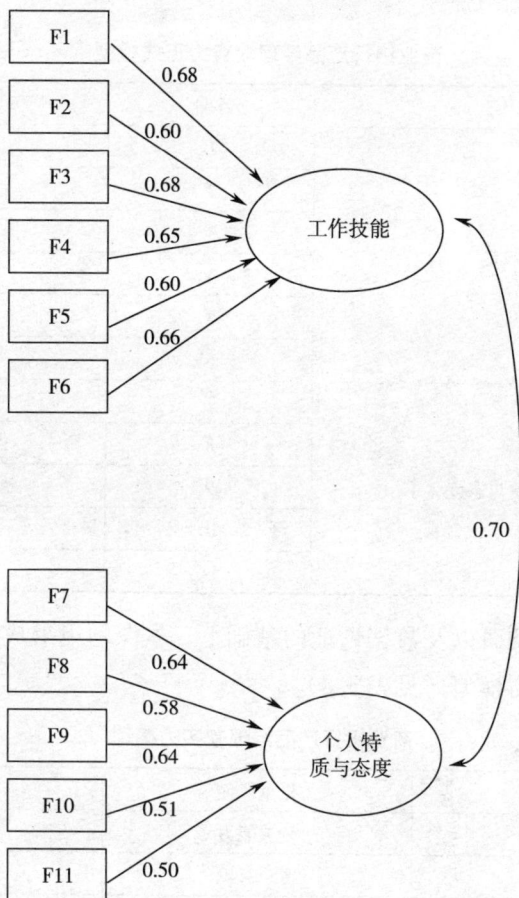

图 3.2　商业银行产品经理软实力模型的 SEM 检验　模型 2

# 四、什么是商业银行产品经理软实力正式模型

根据以上 BEI 研究的结果，并通过量表方法验证和修改完善，本研究得出了银行产品经理的软实力模型如下：专业知识、协同创新、公关能力、分析客户意识、团队意识、抗压能力、稳重严谨、应变能力、责任心、问题解决和风险意识共 11 项。其中，专业知识、协同创新、公关能力、分析客户意识、团队意识、抗压能力可以归入"工作技能"这个二阶因子。而稳重严谨、应变能力、责任心、问题解决和风险意识可以归入"个人特质与态度"这个

二阶因子（见表 3.7）。

表 3.7　　　　　　　　　　　**商业银行产品经理软实力正式模型**

| 二阶因子 | 序号 | 一阶因子 |
|---|---|---|
| 工作技能 | 1 | 专业知识 |
| | 2 | 协同创新 |
| | 3 | 公关能力 |
| | 4 | 客户意识 |
| | 5 | 团队意识 |
| | 6 | 抗压能力 |
| 个人特质与态度 | 7 | 稳重严谨 |
| | 8 | 应变能力 |
| | 9 | 责任心 |
| | 10 | 信息搜集 |
| | 11 | 风险意识 |

在充分访谈调研以及数据论证的基础上，本课题组形成了商业银行产品经理的正式软实力模型（见表 3.8）。

表 3.8　　　　　　　　　　　**商业银行产品经理软实力模型**

| 协同创新 | 稳重严谨 | 应变能力 |
|---|---|---|
| 信息搜集 | 公关能力 | 责任心 |
| 抗压能力 | 客户意识 | 专业知识 |
| 风险意识 | 团队意识 | |

中篇

# 商业银行产品经理软实力标准体系

# 第四章 什么是"商业银行产品经理软实力模型词典"

**本章提要** 本章对"商业银行产品经理软实力模型词典"进行了介绍，先回顾了软实力词典的起源与发展，然后就"商业银行产品经理软实力模型词典"结构进行了说明，最后指出了软实力词典的使用原则。

## 一、软实力词典起源与发展

1981 年，理查德·鲍伊兹（Richard Boyatzis）对一些关于经理人软实力（胜任特征）的原始资料进行重新分析、钻研，并归纳出一组可用于辨别优秀经理人才的软实力（胜任特征）因素，这些因素能够同时适用于不同类型的公司。从 1989 年起，麦克米兰开始对全球 200 多项工作所涉及的软实力（胜任特征）进行观察研究。经过逐步发展与完善，共提炼形成了 21 项通用软实力（胜任特征）要素，构成了软实力（胜任特征）词典的基本内容。这 21 项胜任特征要素概括了人们在日常生活和行为中所表现出来的知识与技能、社会角色、自我概念、特质和动机等特点，形成了企业任职者的软实力（胜任特征）模型。

麦克米兰和他的研究小组根据对 200 多人在工作中的行为及其运用行为事件访谈所得到的信息，建立了 286 项软实力（胜任特征）模型数据库，其中包括一般企业、政府、军队、教育和宗教等组织中的技术、专业、市场、企业家、领导人、服务等各类人员的软实力（胜任特征）要素。该数据库记录了大约 760 种行为特征，其中与 360 种行为特征相关的 21 项软实力（胜任特征）要素能够解释每个领域工作中 80% ~98% 比例的行为及其结果，其余

400种行为特征只描述较少提到的软实力（胜任特征）要素，因此这360种行为特征就构成了软实力（胜任特征）词典的基本内容。

继麦克米兰对软实力（胜任特征）进行研究与分析之后，后来的学术界和企业界都在各自的研究与实践基础上，将软实力（胜任特征）词典加以丰富和细化，进一步发展了对21项软实力（胜任特征）的研究，使之不仅具有了更广泛的适用性，而且变得更加清晰有效。

词典中所涉及的软实力（胜任特征）项目，由于考虑到一般工作上的行为，因此在尺度的设计上，以适用于大多数工作的做法来呈现，所以缺乏精确性。其中一些要素可能与某些具体的工作岗位相关性不强，因此词典中的软实力要素仅仅为企业自身的软实力要素研究提供了参考，各个企业在构建软实力模型的时候应该针对企业自身的行业特征、发展阶段、市场情况等条件，对软实力词典进行不断的修订、增删和调整，从而形成符合企业自身特点和需要的软实力词典。

事实上，软实力词典的开发和研究在国外已经有近30年的历史了，相对比较成熟，其中的部分内容也在管理实践中得到了很好的验证。然而，在中国，软实力（胜任特征）管理还处于初步的发展阶段，众多企业都纷纷在尝试开发和构建适合企业自身特点的软实力模型。但截至目前，国内商业银行行业内尚无一本相对规范的、具有针对性和指导性的产品经理软实力词典，无法满足组织动态发展的要求。

因此，课题组从实证的角度出发，在构建"商业银行产品经理软实力模型"的基础上，完善形成了"商业银行产品经理软实力模型词典"。该词典将帮助银行更客观地、更有针对性地选拔、培养、激励商业银行产品经理，进而推动银行核心能力的建设和组织变革。另外，"商业银行产品经理软实力模型词典"有利于银行进行人力资源盘点，明晰当期企业的人才储备和未来能力要求的差距，更好地为有潜力的员工提供个性化的培训方案，进而搭建更有效的职业发展路径。

## 二、"商业银行产品经理软实力模型词典"结构说明

"商业银行产品经理软实力模型词典"中出现的"软实力"是一组可测

量的行为标准，这些标准是商业银行对产品经理在成就特征、服务特征、个人特征、管理特征和认知特征 5 个方面的具体行为要求。每个行为标准都有 5 个等级水平，水平 1（A－1）是最差的行为表现，而水平 5（A－5）则是最佳的行为表现，其余水平则按此趋势逐级递增。

另外，每个行为标准都有相同的结构，均由以下 8 个部分组成（见图 4.1）：

A. 软实力名称。用来描述一类软实力特征的名称或标签。

B. 定义。通过列出相关行为的基本属性来规范该软实力特征的界定。

C. 核心问题。详细列明该软实力特征在各个维度上的代表行为，以帮助读者进一步明确该行为的界定标准。

D. 重要性。说明该软实力特征对商业银行发展的意义和重要性。

E. 等级水平。描述了 5 个主要的水平，解释了这项软实力特征在不同复杂度和技能水平上的表现。水平 1（A－1）是最低级、最差的等级水平，而水平 5（A－5）则是最复杂、最优秀的等级水平。这些水平是按趋势递增的，即水平 2（A－2）要较水平 1（A－1）高级，水平 3（A－3）又较水平 2（A－2）高级，依次类推。其次，这些水平的内容是经过深入研究的，结构是固定的，不能随便更改和混淆。另外，这些水平是累积性的（水平 1 除外），也就是说表现出水平 5（A－5）的人也具有水平 4（A－4）和水平 3（A－3）的行为表现。

F. 行为表现。从核心问题中列举的各个维度出发，举例说明了产品经理在每个主要的水平上的具体表现，以帮助我们进一步理解每个水平的含义。这个部分相对比较灵活，可根据该商业银行或特殊应用的需要而增加新的行为描述。

G. 正/反向案例。针对各个软实力，分别从正、反两面提出 1～2 个案例。这些案例是商业银行产品经理在行为事件访谈过程中提到的一些具体事例或观点，既是对词典内容的进一步补充，也是该行为描述和实际应用的真实对接，可帮助读者加深对词典的理解。

H. 管理名言。各国伟大的管理专家或著名企业的领导者针对软实力发表的有关名言。

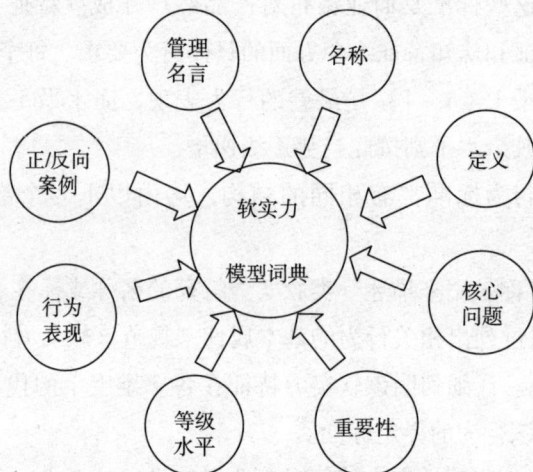

**图4.1　"商业银行产品经理软实力模型词典"结构图**

# 三、"商业银行产品经理软实力模型词典"使用原则

相似行为：某些胜任标准中的行为描述比较相似。这并不意味着他们相同或有所重叠。在这种情况下，需要仔细阅读包含这种描述的行为核心问题；这将有助于澄清每个行为描述的内涵，找到其与你感觉相似的行为的关键差异。

灵活性：每个水平表现的确切方式会因企业文化、地点和国家的不同而有所变化。使用本词典时，企业可以根据自身特点进行适度的修改和调整。

词典使用者：词典是员工使用的工具，它能有效帮助员工理解如何提高自己的行为表现。它的主要使用者还包括应用发展者，他们可以利用这个框架建立标准，将诸如培训、发展、评估和选拔之类的过程连接起来。

行为标准的数目：这个词典囊括19项商业银行产品经理的软实力，假如无选择性地对所有软实力进行开发则会大大提高使用成本，因此，使用者可以在成本范围内根据组织战略给予每个软实力不同的权重，有重点地予以开发。

# 第五章 如何提升商业
# 银行产品经理成就软实力

**本章提要** 本章对"商业银行产品经理软实力模型"的成就领导力特征群进行了介绍。"挑战自我,追求卓越"是商业银行产品经理的必备素质。产品经理成就软实力特征群主要包括"协同创新"等素质特征。对此软实力素质特征,本章提供了来自许多资深的产品经理的成功或失败的经典行为事件,相信对读者将具有很好的启发作用。

## 如何提升"协同创新"软实力

| 软实力特征 | 协同创新 |
|---|---|
| 定义 | 协同创新是指产品经理密切关注金融产品的市场动态,在进行产品的市场需求分析、成本收益分析和风险分析过程中,协调营销、审批、系统测试开发、法律事务等相关部门的人员共同完成贯穿整条产品线的研发、设计、组合、推广营销等目标,通过协调不同的资源促成产品的整合、更新、改进和业务创新。 |
| 核心问题 | 1. 产品经理能否认识到创新对业务增长、赢取市场的重要性。<br>2. 产品经理能否不断学习、密切关注金融业产品及市场的新动态和新发展,经常性地推动产品和业务创新。<br>3. 产品经理在协作沟通中是否具有流畅清晰的思维和良好的理解能力,能否协调不同的资源为产品的改进创新共同完成一致的目标,推动产品线中的每个参与者积极投入到产品研发、设计、组合、推广营销等工作中。 |
| 重要性 | 产品经理需要管理产品线的每个环节,需要协调处理很多复杂的关系和工作,包括产品从出现到开始进入市场到被市场淘汰的整个过程,为了顺利开展工作,产品经理需要协调不同部门、不同资源共同完成一致的目标。同时,产品和业务创新是商业银行维持市场竞争力的源泉,产品经理通过协调各个部门的工作,能够掌握更加全面而丰富的信息,进一步推动产品的改进和业务创新,增强银行核心竞争力。 |

续表

| 等级 | 等级定义 | 可能的行为表现 |
|---|---|---|
| 水平 1<br>（A-1） | 简单协调：能够利用简单的语言和非语言行为，与他人进行有效的沟通协作。 | 产品经理能够从思想上认识同事之间协同合作的重要意义，能够配合产品线相关部门的同事开展工作；能够以创新的理念实现产品的改进，清晰简明地表达出他的态度和意见；使其他同事能够正确理解。 |
| 水平 2<br>（A-2） | 有效理解并反馈：能够积极地倾听他人的意见，并作出恰当的反馈，能够进行改造性的创新。 | 产品经理能够在日常工作中与他人协同合作，共同完成产品管理的目标；抱着积极的心态去吸收同事或者客户的反馈信息，及时了解客户和同业最新的市场信息，具有调整产品组合、进行产品改造和业务创新的意识和能力。 |
| 水平 3<br>（A-3） | 换位思考、争取支持：工作中能够积极换位思考，具有原始性创造的能力，争取对方的配合与支持。 | 产品经理能够从不同部门的工作角度予以理解，积极利用不同的资源进行组织的协调，以便顺利开展工作；具有对新事物的敏感性和好奇心，能够捕捉新事物的发展动态并将它们转换成自己的思维，开发出原始性的新产品；能针对工作中的规范问题提出新的解决办法。 |
| 水平 4<br>（A-4） | 有效引导和创新：掌握协调工作的技巧，并根据市场和信息及时进行创新。 | 产品经理能够根据环境、对象不同，采取不同的表达方式和沟通策略，把协调不同资源作为一种职责和工作内容，并从不同的资源中获取有效的信息；经常组织一些活动或者交流活动，加强与不同部门人员的联系；能够对及时的信息作出恰当反馈，不断寻找产品与市场新的结合点，增强产品活力。 |
| 水平 5<br>（A-5） | 获得配合支持、创新到位：能够有效平衡不同部门的利益和目标，获得各方的配合与支持，将创新工作贯穿于整条产品线。 | 产品经理能够鼓励和推动他人对市场和产品工作提出合理化建议，协调不同部门达成相同方向的利益和目标；能够抓住机遇发现贯穿产品线每个环节中的创新性建议，推动银行产品的变革，并采取科学的分析手段筛选出有用的创新思路。 |

[正向案例 1]

## 协同各个部门，成功营销新产品

长期以来，黄金作为金融资产，具有货币属性，其价格稳定、变现能力极强，因此无论是在通货膨胀还是在通货紧缩时期，黄金的价格都可以有效抵御政治、经济和金融风险。此外，黄金具有贵金属的

内在价值，不存在信用风险。无论是公司、机构还是个人投资者，黄金都是不可或缺的保值和增值投资工具。2007年，G银行产品创新部试图抓住当前金价趋强、金市走牛的大好时机，在2007年3月推出"如意金"产品，希望将具有投资实物黄金意向的人群作为重点营销对象实施重点推介。

作为牵头部门，产品创新部认真做好业务推广的策划和协调工作，制订详细的营销方案，明确营销目标、对象、策略、流程及奖励措施等，发动全行积极开展新产品的营销推广活动。具体措施包括：(1) 营业大厅的醒目位置张贴"如意金"的宣传海报，长期摆放宣传资料，方便客户取阅并了解该产品的申购流程。(2) 大堂经理、理财经理应主动识别客户，充分利用自身客户资源优势，适时宣传、推介"如意金"产品；同时，加强与客户的沟通，争取"顺藤摸瓜"，对个人客户的亲朋好友连带营销。(3) 客户经理上门营销、走访客户时，主动、连带营销"如意金"产品。对单位客户的上下游企业或生意伙伴连带营销。(4) 有条件的支行通过"理财沙龙"活动增加对"如意金"产品的介绍，提高客户对G行"如意金"产品的认知度，强化客户购买意识，提高营销成功率。

最后，G银行成功营销的"如意金"客户当中，将"如意金"作为投资工具来持有的客户数占到了80%以上，并在规定时间内圆满完成销售任务。新产品想要成功投放市场并实现创利，很多时候都需要营销战线最前端的同事协助，因此，产品经理应具备与他人友好合作的协同能力，获得他人的支持和配合。

[正向案例2]

## 齐心协力，实现银企双赢

由于境内外对人民币升值幅度预期存在分歧，H商业银行产品经理推出一种利用境内外的人民币兑美元远期价格的差异，在两地市场

同时叙做金额相同、方向相反的交易进行无风险套利的产品。人民币汇率持续走高，中间价已突破6.7大关口，同时，境内外价差持续扩大。2010年9月某日，境外一年期远期售汇报价6.61，而境内一年期远期结汇报价6.65，境内外结售汇点差由原来的300点扩大到400点以上，相当于企业能通过境外关联公司以6.61的价格买入美元，在境内以6.65的价格卖出，每办理100万美元增强型远期结汇就能实现4万元人民币收益。

产品经理A发现境内外市场价差扩大的情况后，及时将市场情况反馈给基层支行的领导和客户经理。一方面，基层行的长期营销准备，已储备了潜在目标客户××企业，A经理在支行营销的基础上，详细为客户推介新产品和客户得益，该客户观察市场情况后认为收益可观，向该银行确立叙做此款产品的意向。另一方面，A经理联系上级行寻求支持和帮助，积极通过贸易融资部门联系境外分支机构询问价格，同时为××企业的境外关联公司在分支机构办理开户和完成核定授信手续。最终，A经理协同各部门的努力，敲定了境内外远期价格，及时为××企业签订了2100万美元的增强型远期结售汇业务，帮助企业实现了100多万元人民币的无风险套利收益，增强了客户忠诚度，也为H银行的中间业务创收十几万元人民币。

可见，在各部门的协同联动下，工作的效率提高、效果明显，产品经理能顺利完成产品的推广和营销目标，为银行创造更大的利润。

[正向案例3]

## 善于合作，实现模式创新

H银行针对国家正在进行医疗体制改革的现状，对市场进行深入分析和研究，发现老百姓的医疗服务需求与国内相对落后的医疗环境存在一定的矛盾，造成了"就医难"的社会问题。创新需要在有业务需求的刺激下产生，H银行根据门诊看病"三长一短"（挂号、收费、

取药时间长，医生看病时间短）的情况，创新推出一种新型的就医支付结算模式，为老百姓创造更便捷的就医环境。

目前，H银行与卫生部紧密合作，大力推广这种"先诊疗后结算"的新型就医支付结算模式。"先诊疗后结算"就医支付模式采用预付费制，患者可采用多种支付方式预付押金，办理诊疗卡，凭借该卡在医院内实现消费，就医结束后一次性结账，卡内余额可以保留继续使用，也可退费退卡。这样既可节省医院的管理成本，提高工作效率，更重要的是省去了患者在付费和诊疗过程中往复奔波的辛苦。该结算模式率先在北京大学附属医院试点推出，截至当年5月中旬，已经办理预付卡1万余张，排队的次数由平均3次可以减少到1次，有效节约患者25%~30%的就诊时间。在该项目中，H银行在系统开发、流程设计等重要环节中发挥了作用，该银行开发了医院MIS收单系统和安装了刷卡终端，使所有缴费窗口均支持使用全国银联卡的刷卡支付。

通过H银行创新开发的这套系统，患者和医院在资金使用以及管理方面更加安全、规范。另外，该创新项目的可操作性强，未来可以进一步配合卫生部把"先诊疗后结算"就医支付模式推广到更多的医院，为H银行带来更多的业务机会。

[正向案例4]

## 遵从上级指示，认真贯彻执行

2008年，A银行某省分行的领导在年初工作会议上，传达和下达了关于加强该行国际业务发展的精神，并要求将渠道优势转化为国际业务的竞争优势和服务优势。该省分行国际业务部根据行领导的指示，拟出加快国际业务营销渠道建设的工作计划，国际业务产品经理立即组织开展调查和评估。根据发展计划，产品经理迅速开展以下工作：第一，产品经理分成3个小组，分别对辖内的所有二级分行国际业务营销渠道进行调查和评估，采用人员访谈、现场核查和问卷调查3种方式进行，其中以人员访谈、现场核查为主；第二，采用"自下而上"的方式，从业务最前线的支行开始，查看营业网点的外汇业务电子屏、横幅宣传、窗口指引、业务宣传折页及外汇利率、汇率牌等，并与支行行长、主管副行长以及操作外汇业务的经办人员，就国际业务营销渠道建设的理解、布置或推动情况和评价进行访谈；第三，邀请分行国际业务营销渠道建设的相关部门负责人、支行行长、主管行长、外汇柜员参加问卷调查，对问卷结果进行科学的统计分析；第四，把访谈意见和问卷调查的统计分析结论进行整理，并与二级分行进行交流反馈。

通过为期一个多月的调查和评估，该省分行国际业务产品经理归纳、总结出各分行国际业务营销渠道建设工作的实际情况和存在的问题，并形成工作备忘，为该省行下一步建设国际业务营销渠道奠定了基础。产品经理应具备独立开展工作的能力，根据银行发展的计划，转化成实际行动，完成各种任务或者提出适宜的意见和建议。

[正向案例5]

## 实施派驻，提高客户意识

某银行为加强外汇业务重点地区的竞争力，提高外汇结算市场的占比，决定在外汇业务资源较丰富、国际结算市场占比较大的地区，率先试行外汇业务的产品经理派驻制，由分行贸易融资部派驻产品经理到基层支行，协助客户经理，实行"X＋1＋1"营销模式，以点带面，强化产品经理的执行力，提高重点地区的业务水平和综合竞争能力，将外汇业务培育成该分行新的利润增长点。

近年来，该分行的外汇业务一直无突破性的发展，究其原因，在于一是短时期内打造一支既懂本币又懂外汇业务的全能信贷行长、客户经理队伍不容易；二是以本币带动外币业务对于外向型企业是行不

通的；三是国际结算与信贷资产是分割的。为了大幅度提高该分行的外汇市场占比以及带来的各项银行收益，强化外汇业务产品经理的执行力，该分行对辖内的重点支行采用了派驻产品经理的措施，并明确派驻产品经理的业务范围及工作职责、考核体制、管理机制等内容，提出具体的工作要求。一是要求支行行长在外部市场严峻的情况下，充分利用产品经理，以"X＋1＋1"模式，加大本地区客户经理及外汇柜员的业务熟悉程度。二是产品经理必须树立正确的思想认识和定位，协助支行行长、带动客户经理、服务于重点客户，实行"支行＋分行"双线管理，合理考核，定期分析本地外汇市场情况，及时向领导及上级行反馈市场动态，建立客户走访制，了解客户需求。三是产品经理建立工作日志，及时反馈遇到的问题和处理结果；建立晨会和例会制，与支行交换意见，互相学习；建立培训制，提高支行网点、外汇柜员、客户经理的外汇专业化水平。

通过产品经理派驻方法的实施，产品经理队伍能够更加直接地面对市场和客户，更有效地协助和支持客户经理加强对当地业务的营销，并通过以点带面进一步提高各支行对外汇业务的认识和掌握。经过半年时间的试行，派驻产品经理所在的支行，实现国际结算量同比增长188.39%，市场占比达25.68%，比半年前提高2.78个百分点，产品经理派驻的支行累计国际结算量占全行的55%以上。产品经理应当具备良好的执行力，才能把该分行的发展计划和目标转化为实际行动，完成上级下达的各项工作任务。

[反向案例1]

## 缺乏配合，产品开发便是无稽之谈

B银行推出的面向中高端客户的A产品开发失败，这是让产品经理刻骨铭心的失败事件。产品经理深刻记得上级给予的评语："最近A产品开发失败的案例你们要好好总结,我们创业的时候，一缺资金、

二缺市场、三缺人才，真是什么都缺，但是我们的前几款产品均是非常成功的，这也为银行的后续发展奠定了良好的基础，现在公司大了，部门多了，资源也多了，我发现你们开发出来的产品离市场越来越远了，响应市场的速度也越来越慢了！现在我们的对手更富挑战性，给我们的时间也不多了，如果我们不能迅速地实现产品经理负责制的转变，我们就可能在新一轮的竞争中被淘汰，我希望你们认真总结 A 产品的失败教训。"

B 银行在刚起步时，银行人手不多，产品也就一两款，银行的各职能部门能够紧密地围绕着产品来开展业务，在沟通和协调上没有什么太大的问题，并且负责项目的经理也经常奔赴市场一线和客户交流，收集需求、做测试。但是随着银行的规模急速扩展，专业的职能部门也越来越多，譬如公司、个金、卡部、电话银行中心、技术支持等，在产品开发的过程中这些职能部门很难协同工作，好像找不到一个明确的责任人对产品的市场成功承担责任，而是一种分段的管理模式，出了问题均是产品线总监的责任。

随着 B 银行规模的大发展，协调沟通的问题越来越多，如果这些问题不能及时得到解决，将来可能会造成更大的损失。

[反向案例 2]

## 产品经理不会"计划生育"

产品经理根据银行的发展计划，负责组织和协调有关的职能部门去实施围绕产品管理的相关决策，因此往往充当沟通协调专员，专门与所负责产品的有关部门进行沟通。以新产品开发为例：银行是否需要开发新产品？何时开发？市场机会是什么？这样的问题，产品经理要与前台、后台相关部门联系，通过获取市场调查信息和对现有产品的持续跟踪，整理出开发的方案，并提交上报。新产品立项后，产品经理要牵头成立开发小组，进一步制订开发和上市计划，就新产品的

使命、概念、定位和卖点等进行提炼和评估，并与研发、采购、生产、财务、销售等部门进一步沟通，对新产品的开发、试销、批量生产、上市推广、市场追踪等各个方面做出计划和安排。

　　某产品经理曾经历两个新产品开发的成功，但最终均上市失败，每个产品都给银行带来一定的开发损失，（保守估计）都在300万元以上，不利于银行新产品的发展。可见，产品的开发和管理需要一个周密的计划，不会"计划生育"的产品经理，表现在思维上是没有科学独到的分析，表现在行动上是仓促草率和毫无章法，产品经理应该具有高效的执行力，根据银行计划，能够把想法转变为预期的行动和结果，为银行创利。

可持续竞争的唯一优势来自于超过竞争对手的创新能力。

——管理顾问詹姆斯·莫尔斯

# 第六章　如何提升商业银行产品经理服务软实力

**本章提要**　本章对"商业银行产品经理软实力模型"的服务软实力特征群进行了介绍。商业银行作为服务型金融企业，其从业者必须具备服务意识和服务能力，产品经理也不例外。产品经理的服务软实力特征群包括"客户意识"、"公关能力"、"应变能力"等素质特征。对每一个软实力素质特征，本章提供了来自许多资深产品经理的成功或失败的经典行为事件，这些事件对于提升产品经理的服务意识和服务能力必然有帮助。

## 一、如何提升"客户意识"软实力

| 软实力名称 | 客户意识 | |
|---|---|---|
| 定义 | 客户意识是指产品经理以客户为核心，从客户的角度来看待问题和解决问题，主动预测和满足客户（包括内部和外部客户）需求，通过为客户提供及时有效的优质服务，建立和发展良好和持续的客户关系。 | |
| 核心问题 | 这个特征主要考察产品经理在服务客户时其服务行为是否主动、是否能认识服务的重要性、是否能满足客户的需求。 | |
| 重要性 | 银行间的竞争取胜最终要靠银行的服务质量和效率来保证，而产品经理是向客户展示银行服务的重要窗口，因此产品经理的客户意识关乎银行能否满足客户的需求而赢得市场和客户，关乎商业银行的核心竞争力。 | |
| 等级 | 等级定义 | 可能的行为表现 |
| 水平1<br>（A-1） | 意识到服务的重要性：认识到商业银行是提供金融服务的行业。 | 能够认识到银行业只有以客户为中心才能有长足的发展，能做到诚实守信，为客户负责；在实际工作中能够考虑到客户的需求。 |
| 水平2<br>（A-2） | 关注客户需要：关注客户的需求，追求客户满意。 | 具有一定的服务技能，当客户提出某些要求的时候能够想办法满足客户的要求；关注客户的需求和利益，追求客户的高满意度。 |

续表

| 等级 | 等级定义 | 可能的行为表现 |
|---|---|---|
| 水平3<br>（A-3） | 提供个性化服务：以客户为中心，不断提升服务质量，创新金融服务和金融产品。 | 能够跟踪了解客户的业务，在掌握其提出的需求的基础上整合信息，找到客户真正的、潜在的需求，并根据这些需求提供创新的金融服务和金融产品；经常亲自跟踪监督客户服务质量。 |
| 水平4<br>（A-4） | 客户资产管理：管理具有以客户为中心的市场意识，不断优化客户结构，营造优质客户群。 | 在根据客户需求提供个性化的金融产品和方案的基础上，注重发现和培养忠诚顾客，为客户提供专业的帮助和其他方面的全面支持，实现客户资产最大化。 |
| 水平5<br>（A-5） | 服务至上：把客户意识贯穿到银行经营的每一个环节中去。 | 认识到完美的服务对于银行经营的重要意义，以客户需求为中心；具有关怀重点客户的差异化客户意识；注重对银行业务的价值链管理，使日常经营活动的每一步都能实现服务增值；为客户提供全方位的服务，提高客户对本行的忠诚度；引导顾客认同企业。 |

[正向案例1]

## 真诚服务，主动营销

一天上午，一位客户在汇款时遇到麻烦，客户经理小黄主动上前提供帮助。后来在与客户沟通过程中发现，原来该客户在其他银行还有其他存款账户，年周转资金就有几千万元，已经达到VIP账户开户条件。小黄立即为客户介绍了VIP账户的功能和服务优惠，并说服客户当即开立VIP账户。在进一步沟通中小黄得知该客户一直没有进行投资理财。原来是因为他从事基建工作，经常需要购买工程物料，资金周转频繁，所以觉得没法进行投资。小黄马上联系行内的产品经理一起向他介绍银行刚推出的短期理财产品。在听了产品经理对此短期理财产品的详细介绍后，该客户在权衡预期收益与投资期限后，当即就开立了理财账户，购买推荐的理财产品。

很多营销机会都是在为客户服务的过程中发现的。只要真诚地为客户服务，往往能更容易发现客户的另一些需求。

[正向案例 2]

## 据理力争，为客户收回款项

某客户在 G 银行交单议付，经 G 银行的国际业务产品经理审核后，认为单据并无不符点，缮制面函并把单据寄往开证行。但开证行在收到单据后拒付，提出单据存在以下不符点：部分单据不是用英文出具。G 银行产品经理认为开证行提出的不符点不成立，决定向开证行反驳，为客户争取尽快全额收回该笔信用证项下款项。

G 银行收到开证行的不符点通知报文后，产品经理立即翻查相关的惯例及信用证条款，认为开证行所提不符点不成立。首先，信用证条款并未限制单据所需使用的语言；其次，根据相关国际惯例的要求，只有受益人出具的单据需要使用信用证所使用的语言，对于非受益人出具的单据所使用的语言并无明确规定。根据以上两点，产品经理立即向开证行提出反驳意见，并严肃要求开证行即时支付给 G 银行信用证的款项并不得扣减任何不符点及报文费。开证行在收到 G 银行的不符点反驳后，全额支付了该笔款项。

银行产品经理应该具备一定的综合分析能力，思路敏捷，在工作中遇到问题时，能及时确定解决问题的途径和方法，运用既有的知识和经验，合理有效地为客户、为银行创造贡献，避免损失。

[反向案例]

## 设计好产品只是成功的一半，真正获取客户的青睐才是关键

某银行产品经理张君热爱产品设计工作，他研读了国外最新的设计理念，同时参考了国外银行的产品设计思路，经过长期的加班加点，设计出了一套全新理财产品。他对这个产品充满了信心，他相信这款产品肯定可以成功，因为他觉得他已经倾注了他全部心血。客观地说，这个产品本身不错，但遗憾的是，这款产品的市场销售并不好。为什么呢？

该产品失败的原因是产品并未获取客户的认可，同时配套服务未跟上。实践表明，对于产品经理来说，设计好产品只是成功的一半，真正获取客户的青睐才是关键。

客户服务作为一种职能，在银行内通常由客户经理完成。产品经理既要从客户经理那里获取有关产品表现的信息，也需要向他们提供有关信息以提高客户对产品的满足度。许多产品附加值中的一部分是由服务构成的。产品经理必须确保服务人员理解服务标准并且达到服务标准，并以顾问的形式为客户提供个性化的产品应用解决方案。

> 当你服务他人的时候，人生不再是毫无意义的。
>
> ——马克思（哲学家、革命家）

## 二、如何提升"公关能力"软实力

| 软实力特征 | 公关能力 |
|---|---|
| 定义 | 公关能力是指产品经理能够适应关系万变的社会和工作环境，能够聆听和准确地理解他人所传达的信息，与市场营销、风险审批、系统管理等银行内部人员进行有效沟通，与客户、政府等银行外部人员进行有效联系，能够协调和处理好内外部的关系，促进相关业务的达成。 |
| 核心问题 | 1. 产品经理是否具有流畅清晰的思维和良好的理解能力，有效接收各种需求，并作出准确恰当的信息反馈。<br>2. 产品经理是否具有较强的社交公关能力，能协调处理好与客户的关系，为营销提供更加有力的支持。 |
| 重要性 | 商业银行处于十分激烈的市场竞争中，产品经理无论在市场调研，还是产品研发、产品营销推广等活动中，都需要与合作同事、行内上级、行内下级以及现有客户或者潜在客户等人员进行联系，产品经理要有较强的公关能力才能让他们乐意配合，有计划、有目的地为产品市场的开拓、产品功能的改良争取更多的机会，为银行赢得更多成功。 |

续表

| 等级 | 等级定义 | 可能的行为表现 |
|---|---|---|
| 水平1<br>（A-1） | 简单具备：有一定的公关能力，取得对方一定的理解和支持。 | 产品经理懂得对外交流和公关中的基本礼仪，能够有效控制自己的情绪；在工作中和同事、上下级的关系良好，但未有意识地与内、外部各种业务相关人主动建立关系。 |
| 水平2<br>（A-2） | 较强公关能力：具备较高的公关协调技能，能与各方人员进行有效的交流和理解。 | 产品经理具有较强的社交能力，善于处理比较复杂的人事关系；在日常工作中，能够和上、下级建立良好的工作关系，促成业务的内部处理顺畅；会自觉地通过各种机会去了解市场、客户的需求，以便更好地进行产品研发；从建立私人关系开始发展到建立业务联系，为营销提供更大支持。 |
| 水平3<br>（A-3） | 有效协作、达成共识：有效协调各方人员的关系，能与同事共同合作，在业务开展中促成与客户的理解与合作。 | 产品经理在日常工作中非常重视与产品业务相关人的关系，能够赢得银行内部人员的认同和协作支持，并积极与客户沟通联系，能够从现有客户和潜在客户那里得到最新的市场需求信息，为银行发展提供有效的参考意见。 |
| 水平4<br>（A-4） | 公关主动性：具有相当强的公关能力，在公关过程中具有主动性，有效引导和说服对方认同和支持自身的观点。 | 产品经理具有相当强的社交公关能力，拥有广泛的社交网路，经常主动地去关注产品业务相关人的信息，积极发现客户潜在需求；能够利用银行内部的交流信息和外部的客户资源分析未被发掘的市场需求，拓展新的产品市场。 |
| 水平5<br>（A-5） | 目标导向性：把开展公关当做整个工作的重要组成部分。 | 产品经理能够把公关作为工作的重点环节来抓，平时经常通过各种方式来加强与产品业务相关人的关系；在银行内部建立了良好的合作口碑，积极为产品推广和营销支持提供帮助，促进产品业务发展；能够与客户、同业竞争者建立良好的联系，沟通有效的信息，为银行发展提供有参考价值的数据和意见。 |

[正向案例1]

## 沟通让出口收结汇讲座更成功

　　2008年7月，国家外汇管理局公布关于出口收结汇联网核查办法，针对该套新法规，某商业银行××市分行拟定在7月下旬举办一次综合讲座，并邀请非行内的客户参加，希望以此为契机，增加与企业的沟通，并希望通过讲座的方式对他行客户进行营销。

产品经理 A 作为本次讲座的讲师、主要推动者和经办者，一方面，事前积极联系当地的工商联合商会，了解当地商会的会员情况，发出书面邀请函并电话落实通知；另一方面，与酒店联系租用场地、提供酒水的情况，还与办公室沟通打印讲座课件、准备文具等事宜，并与领导确认出席时间。经过前期与外部的工商联合商会以及银行内部相关同事的沟通协作，讲座终于在 7 月 29 日××市的某家五星级酒店成功举办。由于前期充分的沟通和宣传力度的投入，该次讲座的人数超出××市分行的早期预计，其中他行客户占总人数的 30%。在讲座上，产品经理 A 根据企业对出口收汇联网核查新法规的了解程度，在分步解说的同时，穿插该银行的外汇产品及外汇结算业务，加上一些互动性的问题研讨，引起企业的浓厚兴趣，使得讲座会场气氛十分热烈。趁此机会，该银行在场的客户经理随即主动联系他行客户，连同部分存量客户组成一个个小团体，共同探讨问题，并开始大力营销该银行的业务，除外币业务外，也谈及各类产品（人民币、网银、信用卡、个人信贷、公司信贷）。整个活动历时大约三个半小时，不仅加深了与存量客户的沟通联系，更成功营销到参加讲座的他行客户（大概 12 户）到该商业银行进行业务合作。

可见，产品经理除了要创新产品和推出产品，更要协调和处理好内外部的关系，进行有效的沟通，以获得有效的支持和配合，最大限度地促进业务达成和最有效果地推广产品，这样才能使银行的各类金融产品得到推广和获利。

[正向案例 2]

## 多方沟通，促成新业务

×商业银行某市分行发现市内某韩资重点客户最近有办理一笔金额约 1300 万美元的买断型出口保理业务的融资需求，但因分行的自有

资金成本太高（自有资金放贷 LIBOR +4.5% 以上），与当地同业 Y 银行的价格竞争中处于劣势。上级省行某产品经理 A，在与分行人员沟通时，聆听并准确掌握该重点客户的融资需求和竞争情况后，马上采取行动，开拓思路，大胆创新。

产品经理 A 认真分析外汇资金状况和现有政策后，针对激烈的市场竞争环境和外汇资金短缺矛盾突出的情况，把该业务的设计解决方案向领导汇报，与分行人员和企业沟通。当得知各方同意办理的意愿后，产品经理 A 利用创新型产品缓解外汇资金压力；针对该笔业务，引入 × 银行境外机构澳门分行作为参贷行提供资金，以有效降低融资成本，为该重点客户设计了买断型出口双保理项下参贷业务，即韩国首尔分行作为进口保理商为该客户的应付货款提供保理，而该市分行作为该韩资客户的出口保理商和最终借款人。

最终，× 银行对该笔业务的报价为 LIBOR +2.5%，加收 2.5‰ 的保理手续费，此报价在与 Y 银行的竞争中得到该重点客户的认可。产品经理 A 依托各方的紧密配合与有效协调，在不到一周的时间内完成该笔业务的签订、台账审批及融资发放等手续。

如果说产品经理是对产品负责，而不仅仅是对产品研究负责，那么产品经理必须重视产品在商品化过程中的所有细节，因为只有在产品最终被消费者（客户）使用了，才算是适销的产品，才能为银行创造利益。关注所有的细节，则要求产品经理能够与内部和外部人员进行有效的沟通，在内外联动机制下运用自身的专业知识，以需求为中心来组合设计产品，获得支持和配合，才能促进业务的达成。

[正向案例 3]

## 有效联系，实现战略合作

为了进一步拓宽业务领域，经过多方的沟通洽谈，G 银行 2008 年 3 月与 B 证券公司签订了《全面战略合作协议书》，双方的合作从原来

的第三方存管、资金拆借、产品托管与代销等领域，拓展至经纪业务、资金结算与融通、资产管理、债券业务、投资银行、期货业务、年金管理、现金管理、信用卡、电子商务、客户服务、人才培训及其他创新业务等多个领域。

G 银行此次与外部机构的战略合作有重要意义，不仅是简单的业务合作领域的拓宽，更重要地在于让 G 银行已有的银证业务有所创新和深化。根据双方规划与展望，在第三方存管业务合作方面双方将朝着非交易时间划款、机构客户网上银证转账、B 股集中式银证转账、嵌入式交易委托等新业务模式目标努力。在共享客户资源方面，双方也将探索一些新路子，如银行维护重要机构客户从简单的间接融资上升到利用券商投行优势提供一整套财务顾问服务。

G 银行与更多的外部机构建立合作伙伴关系，该行的产品经理将有更大的平台发挥专业优势，同时也需要他们与内外部人员进行有效的沟通和联系，才能更好地进行业务创新和流程创新。

[反向案例]

## 未能有效沟通，丧失客户

2004 年，某行正式与大型的 A 公司建立了信贷关系，该公司当时拥有 7000 多员工，公司经营管理比较规范，如果能成功营销 A 公司的代发工资的业务，则能给银行带来可观的中间业务收入。产品经理根据 A 公司的企业情况，为其设计业务方案并制作了生动易懂的 PPT 演示课件，产品经理主观上认为银行匹配的产品能为 A 公司节约较高的财务成本和人力资源，势必会受到该公司的认同。

当产品经理陪同客户经理亲自上门到 A 公司进行业务推介营销时，企业人员对产品经理介绍的银行产品表现出无兴趣甚至有点不耐烦，会后第一时间提出"你们银行可否在我公司装一台柜员机，否则即使办了你们的银行卡发工资，由于离中心区有一定距离，附近柜员机较少，会给我们的员工带来很多不便"。当时A公司需要的，不是

节约财务成本和人力资源的银行产品，而是需要能便利员工提款存款的柜员机。产品经理和客户经理回来后，马上向领导反映，并向上级行申请在该公司安装柜员机，但由于银行内部的报批审批流程需要时间，该银行未能第一时间在企业附近装上柜员机，而其他银行的柜员机已经进驻该企业。同时，受到行内信贷政策的影响，该银行与 A 公司的信贷关系曾一度中止，银企合作关系淡化，业务无法更好地开展。

产品经理在协助完成任务时，着重负责产品销售的支持工作，同样，客户经理会向产品经理提供有用的市场信息。但在实际操作中，产品经理也需要花费一定的时间精力，做好事前的沟通，准确了解和理解客户潜在的需求，才能更好地满足客户。

> 顾客的抱怨是很严重的警告，但诚心诚意去处理顾客抱怨的事，往往又是创造另一个机会的开始。
>
> ——日本经营之神松下幸之助

## 三、如何提升"应变能力"软实力

| 软实力特征 | 应变能力 |
|---|---|
| 定义 | 应变能力指产品经理对能够以最快的速度、最有效的形式获取准确的知识和数据，具有敏锐的商业感觉应对金融产品的更新和市场的变动，并随时做好应变的准备，在工作中对于需要处理的问题或对上级下达的工作任务，特别是突发事件，能够给予快速及时的反应。 |
| 核心问题 | 1. 产品经理是否具有敏锐的商业触觉，随时监控产品开发、推广的各项流程，及时获取产品市场最新的知识和数据，并为变动随时做好应变的准备。<br>2. 产品经理是否具备持续更新知识的愿望和能力，通过学习新知识提高应变能力。<br>3. 产品经理是否重视上级下达的工作任务或突发事件的发生，给予快速的反馈或及时进行处理。 |
| 重要性 | 产品经理在日常工作中经常会面对繁杂的事务性问题，或遇到关于产品的突发事件，这都要求产品经理快速及时地进行处理。另外，面对银行产品市场的快速发展变化，用户个性化的需求凸显，海量信息的与日俱增，产品经理需要具备快速应变的能力，为产品和市场的变动做好应变的准备，为企业决策层提供合理的参考意见和建议。 |

续表

| 等级 | 等级定义 | 可能的行为表现 |
|---|---|---|
| 水平 1<br>（A-1） | 及时性：能够及时完成常规的工作。 | 产品经理能够认真对待上级下达的常规工作任务，采用熟悉的惯用处理方法，及时执行和反馈结果；会自觉关注金融产品和用户需求的变化状态，但对市场异动的认识较为表面。 |
| 水平 2<br>（A-2） | 快速性：对待工作能够多做事前准备，勇于参加有挑战性的工作，锻炼快速反应能力。 | 产品经理能够对自己的本职工作多做事前准备，在问题发生时，能够及时发现和反馈结果；对待上级下达的工作任务，能够分清轻重缓急，对重要、紧急的事件优先处理；能够积极承担有挑战性的工作，锻炼处理事务的应急能力。 |
| 水平 3<br>（A-3） | 灵活性：可以根据环境的变化，调整应对的思路和措施。 | 产品经理能够根据实际环境、情景的变化，调整事前准备好的应变措施，完善地处理；除及时完成上级下达的工作任务之外，能根据结果提出改进的意见和建议，在下一次任务下达之前能够更好地与上级沟通反馈；对于下级提出的工作请求或问题，处理后有所筛选地向上级反映。 |
| 水平 4<br>（A-4） | 发展性：积极更新自己的知识结构，并能学以致用，不断拓展。 | 产品经理有强烈的学习愿望，能够积极学习和更新银行产品、金融市场发展的知识和数据，拓展知识面；能够将学到的新知识恰当地应用到实际工作中，应对工作中出现的复杂问题；能够根据实际工作需要，调整学习的方向或重点，提出新的想法解决遇到的问题。 |
| 水平 5<br>（A-5） | 目标导向性：具有敏锐的洞察力和以应变为目标的意识，面对各种实际变化的情况善于应对，为银行创造机会。 | 产品经理在产品推广和营销支持的谈判活动中，能够洞察客户的需求变化，并善于随机应对客户提出的临时问题或意见；面对突发事件或者恶劣事件，能够保持清醒的应变思路，有处理危机的快速应急能力。 |

[正向案例 1]

## 深入市场调研，实现产品创新开发

　　Y 商业银行在开发银行卡产品前，进行了大量细致的市场调查，都是非常辛苦的工作，为了设计这个产品，Y 银行专门派遣产品经理到美国考察实习，掌握方法后在国内主要城市做大量的客户访谈和实地调研。产品经理通过大量走访客户，按照国际惯例撰写各种调查分析报告，设计初始产品，进行产品体验，终于设计出 Y 银行信用卡系统产品。

　　Y银行设计的信用卡中心采取全国集中化运作，是国内首家真正意义上独立运作的信用卡中心，完全按照国际标准运作，真正实现了信用卡的一体化专业化服务。在刷新一个个信用卡纪录的同时，Y银行秉承"因您而变"的服务理念和创新精神，积极开拓市场，扩大市场联盟，深化市场细分，信用卡功能和服务日益丰富和完善，是国内最具创新力的股份制商业银行之一。自2002年底信用卡业务开办以来，Y银行率先推出"刷卡买机票，送百万航意险"，首家推出"境外消费，人民币还款"业务，领先同业开展了信用卡免息分期付款业务，并在业内率先推出"短信交易提醒"和"失卡万全保障"等创新举措。此外，其在全国首创的积分永久有效制、国际24小时道路救援服务等都逐渐成为国内信用卡的服务标杆。

　　在产品服务创新上，Y银行打造了30多项产品及服务的创新，同时坚持推行异业合作模式，先后与百货业、旅游业、体育消费业等不同生活领域的领先企业进行洽谈合作，为持卡人提供双重的产品功能和服务。在产品线所有成员的共同努力下，2006年4月，Y银行在银行卡数量上占据行业的最大市场份额，正式宣布以实际行动打造"五星级信用卡"的目标，确立和稳固行业的领先地位。Y银行能够持续推出多款大受欢迎的银行卡产品，离不开其敏锐的商业触觉，以最快的速度、最有效的形式获取准确的市场调研数据，快速对金融产品进行更新换代，为客户提供优质的功能和服务，赢得市场份额，提升了银行的竞争力。

**[正向案例2]**

## 因时制宜，成功营销业务

　　最近，J银行在上海、北京、深圳、广州、杭州五大城市同步试点私人银行业务。与国内其他银行的私人银行服务大多主推人民币在岸业务不同，该行私人银行主推的是海外资产全权委托业务，J银行

也因此成为国内首家推出海外资产全权委托业务的银行。通过挑选世界优秀的第三方投资管理公司运作投资，以及对第三方机构的投资行为的监督和监控，J银行希望以此实现平衡风险的目的，同时达到客户海外资产保值增值的目标。该行的海外资产全权委托业务主要依托于在香港设立的分支机构、该行的信托公司和财务公司组成的平台，设定的服务门槛是200万美元，同时还推出个性化理财产品定制服务，个人资产达到人民币3000万元以上即可委托量身定制理财产品。当时，银行推出的QDII产品出现了大面积浮亏的情况，但J银行仍然高调推出海外资产全权委托业务，因为J银行的海外资产全权委托业务不同于QDII，服务的是客户已经在境外的资产，不受QDII业务的相关限制。

J银行对金融市场有敏锐的商业触觉，能随时准备应对金融产品的更新和市场的变动，因时制宜地推出新产品和产品调整，这种快速应变的意识使银行发现创新创利的潜在机会。

[正向案例3]

## 深入分析寻找问题，打开业务发展局面

A公司是石化产品生产企业，与G银行有多年的银企合作关系，由于其上游供应商要求"先付款后发货"，企业一直在G银行办理短期的流动资金贷款解决其采购端的资金需求。2008年末，G银行因信贷政策等原因，无法再为A公司办理流动资金贷款，当地H银行借机介入，并成功置换了G银行原有的贷款份额。

为了重新寻找与A公司的合作机会，G银行产品经理对A公司的全部生产经营环节及相关需求进行了深入的分析研究，发现：（1）A公司与其上游供应商之间"先付款后发货"的交易模式是由于上游供应商在财务管理上有"发货当天必须收回货款"的要求，在现实操作中销售部门对于长期合作客户在其确保货款可当天到账后通常可先发

货后收款；(2) A 公司近期有较重的销售任务，若 A 公司可对下游长期合作经销商给予一定的赊销账期，销量将可在短期内提升 10% 以上，但 A 公司的流动资金紧张，未能对经销商给予赊销账期的优惠；(3) A 公司有较强烈的财务成本控制意识，希望能进一步降低银行融资成本。根据上述情况，G 银行的产品经理为 A 公司设计了与其生产经营链条逐一配套的"国内延期信用证 + 卖方融资 + 国内保理"的整体融资方案。G 银行可在 A 公司采购时为其开出以上游供应商为受益人的延期付款信用证，上游供应商收到信用证后立即发货，G 银行承诺在供应商发货当天即为之办理卖方融资，确保其在发货当天可收到现款，此举解决了 A 公司在采购环节的资金需求；A 公司对下游经销商进行赊销后，G 银行即可针对其应收账款办理国内保理，以助其实现货款提前回笼。

由于该方案不仅解决了 A 公司的流动资金需求，且相关融资产品可比照贴现利率计息，较 H 银行的融资成本要低，同时，G 银行提出的以国内保理支持企业通过适当扩大赊销范围以提高销售量的思路，能较好地解决企业想在近期提升销量的问题，因此，G 银行的方案得到 A 公司的高度认可。借助这一产品组合方案，G 银行不仅成功挽回已流失于他行的客户，更成功地实现了对客户上下游链条的捆绑，在提升客户忠诚度的同时增进了更多的业务机会。

[反向案例 1]

## 反应迟慢，客户流失

X 商业银行某分行一直服务于日资企业 A 公司，不久前 A 公司中标了一个近 10 亿元的工程承包合同，各家银行都想争取该公司的业务，同业竞争非常激烈。A 公司准备在当地开设企业账户，用于接受此项目的工程承包款，X 银行认为既然一直服务于该企业，此次准备新开立的账户应该也会在 X 银行办理。当 X 银行开始跟 A 公司谈判的时候，发现 Y 银行早已开始接触该客户，并且帮助客户办理公司注册的事情，而 A 公司也想对各家商业银行进行一个全面对比，再决定业务最终在哪里办理。由于 Y 银行提早介入，快速行动搜集信息，并找到该企业的关键人物，而当时 X 银行得到消息较晚，准备不是很充分，最后 X 银行丢掉了该企业客户，企业在 Y 银行开户办理业务。

金融业是一个竞争十分激烈的服务行业，银行要想赢得客户争抢市场，必须能够快速反应，给客户留下良好的第一印象；并随时保持市场敏感性，作好应变准备，及时收集和反馈客户意见。

[反向案例 2]

## 问题无法解决，失去业务机会

某年，G 商业银行某客户玻璃企业 A，未来对外付汇的需求大约约 1161.5 万欧元，该企业已在 G 银行办理好相关的信贷业务申请和审批手续，产品经理拟通过"国际结算＋进口代付＋远期售汇"的组合方式营销其余下的远期付汇业务。由于同业 H 银行也在积极竞争该客户，企业属于价格敏感性客户，G 银行需要提高进口代付的竞价能力，才能赢得业务。

G 银行的产品经理与境外分支机构卢森堡分行预约一个月后的一年期 600 万欧元代付头寸。A 企业进口开证金额是 608.76 万欧元，但因出口商订船的问题，信用证将分成 3~4 批到单，分批付款，当时可以确定的只是第一批到单金额 181.26 万欧元，其他批次无法确定。针对 A 企业的这种情况，此时出现两种情况的问题：（1）分批付款、分批代付，原先卢森堡分行答应的是一笔 600 多万欧元的代付报价是 LIBOR＋1.8，若分批付款的话，需要确定卢森堡分行是否还能按照 LIBOR＋1.8 报价代付；（2）如果卢森堡分行不愿意分批付款，则需要确定是否可以将这个信用证项下的几笔付款打包起来做，计算利息是

按照全额 608 万欧元一年期计息，而付款就按照指示电文分批付款，假如最终付款金额没有达到 608 万欧元，那么在融资到期日按照实际付款金额归还卢森堡分行，利息仍然按 608 万欧元一年期计算。

代付报价没有在第一时间确定下来，当产品经理还在与卢森堡分行沟通议价情况时，另外一个问题又出现了：因政策原因，外债额度限制，G 银行总行限制办理 90 天以上的进口代付业务，加之 A 企业需要分多次到单，情况比较麻烦，最终 G 银行未能提供一年期的优惠报价，A 企业将业务转移至 H 银行办理。

作为国际业务的产品经理，应熟悉并密切关注外汇管理政策和外汇资金形势的变化，运用既有的信息、知识和经验，迅速确定解决问题的途径、方法，才能顺利解决一系列的问题。

抓住时机并快速决策是现代企业成功的关键。

——美国学者、斯坦福大学教授凯瑟琳·M.艾森哈特

# 第七章　如何提升商业银行产品经理个人软实力

**本章提要**　本章对"商业银行产品经理软实力模型"的个人软实力特征群进行了介绍。对于产品经理来说，进行自我素质能力的提升非常重要。产品经理个人软实力特征群包括"抗压能力"、"责任心"和"稳重严谨"等素质特征。对每一个软实力素质特征，本章提供了来自许多资深产品经理的成功或失败经典行为事件，相信能够帮助银行管理者找到成长为卓越领导者的途径。

## 一、如何提升"抗压能力"软实力

| 软实力特征 | 抗压能力 |
| --- | --- |
| 定义 | 抗压能力是指产品经理不惧怕失败，勇于承受产品开发带来的困难与挫折，承担产品管理的事务性工作压力，能够在承受外界压力和自我压力的情况下依然保持稳定的心态和冷静清晰的头脑处理问题的能力。 |
| 核心问题 | 1. 产品经理是否具备较强的情绪控制能力承受较大的心理压力。<br>2. 产品经理是否有危机处理能力，冷静而迅速地处理突发事件和矛盾。<br>3. 产品经理能否勇于接受挑战，不惧怕失败和挫折，毫不畏惧并乐观地迎接困难。 |
| 重要性 | 产品不好销或者不能盈利等导致的失败会给银行带来巨大的损失，作为管理产品的负责人，产品经理难辞其咎，产品经理面临巨大的心理压力，因此产品经理考虑问题需要非常周详和谨慎，同时产品经理的工作琐碎，每天要面对的事务性工作压力也很大，要处理各种各样的关系和进度，一天内要高效地处理问题和完成任务，这都要求产品经理具有良好的抗压能力。 |

续表

| 等级 | 等级定义 | 可能的行为表现 |
|---|---|---|
| 水平1<br>（A-1） | 基本具备：有一定的抗压能力。 | 产品经理具备一定的心理承受能力，不容易轻浮暴躁；在日常工作中，能够正面迎接各种工作，完成上级布置的任务；但是在处理一些棘手工作或紧急事务时，情绪控制能力有待提高。 |
| 水平2<br>（A-2） | 抗压良好：能够进行自我调节，不被工作压倒。 | 产品经理能够积极面对日常工作中的各项任务，不会在工作场所随意宣泄抱怨情绪，影响其他人；能够进行自我调节，提高自身的乐观态度和应激能力，努力消除工作焦虑带来的负面情绪；能够主动体验愉悦心情，主观意识上将工作问题往开阔方面思考，不被工作压倒。 |
| 水平3<br>（A-3） | 从容应对压力：能够不断拓展自我知识容量和调整认知水平，从容迎接工作挑战。 | 产品经理具备乐观、坚韧的人格特质，能够从容接受上级布置的各种工作任务；具备认知转换的意识，能够多从正面、光明的角度来辩证看待逆境；经常通过拓展新知识来刷新自我，以饱满的精神状态迎接工作的挑战与机遇。 |
| 水平4<br>（A-4） | 转化动力：善于将压力转化为动力，促使自己更加拼搏工作和乐于接受新工作带来的机遇和挑战。 | 产品经理热爱自己的工作，不想对他人和对自己留有遗憾而对工作要求高，并善于把内在感受的压力转化为动力；在面临压力时，能够更加坚定信心，相信付出努力就能够把工作按时按质完成；乐于接受富有挑战性的工作，能够合理安排工作的次序和时间。 |
| 水平5<br>（A-5） | 感染同事：能够自我舒缓压力，并把减压氛围感染一起工作的同事。 | 产品经理能够抵御新工作带来的压力并发现新的机遇；能够很好地控制和调节自己的情绪，通过幽默、诙谐调整心态，有效舒缓压力，同时不降低工作的质量和数量；能够把舒缓压力的正面、积极的工作情绪和氛围渲染给一起工作的同事，促进大家能够舒缓压力。 |

［正向案例1］

# 不惧压力，从容完成项目

　　某银行产品经理曾经牵头负责为某个装修企业集团设计金融产品，这是一个很大的项目，但该项目特点是周期短，产品经理必须按时完成，否则会给银行带来较大的损失。此时，产品经理作为设计方案的牵头人，不仅面临来自上级领导和企业客户的压力，而且实际工作中

面临来自银行其他部门的压力，还受到害怕产品"流产"的自我压力。

该银行产品经理能够保持稳定的心态，正确缓释压力，并将压力转化为工作动力和激情，保持沉着冷静的思路。通过前期的业务需求调研，产品经理了解到该公司集团的需求，认真思考和分析，在整个产品设计和管理中重点做好：（1）项目工作流程标准化。为了保持目标一致性和工作的有序进行，通过将内容制度化，使得各个职能部门的人员，在头脑中都形成项目工作的基本流程，形成标准化的业务管理，为之后具体工作的开展提供指导。（2）细化项目成本核算与财务分析。无论从独立产品开发还是从银行整体角度出发，都应将产品项目的成本计划与跟踪工作细化，将人力资源、管理费用、分包、材料设备等成本要素分解到各个工作环节，这样才能为银行的成本核算与财务分析提供基础数据。（3）便捷安全的文档管理。在开发产品的过程中会形成各种资料，如项目规划、进度日记、来往信函、会议纪要、备忘录、声像资料等，为方案的提交、变更提供详尽完整的证明材料。（4）相关部门、人员之间的沟通。做产品项目设计开发，要涉及销售部、采购部、财务部等相关部门，每个部门以及相关人员都需要从不同的角度了解整个项目各个方面的计划与实际进度情况，因此，提供一个有效的平台是解决各个部门之间沟通协调的捷径，这样才能促进效率的提高。（5）项目的跟踪报告机制。随着开发工作的开展，项目的时间进度、合同执行情况、资金使用情况、测试情况、人力资源调配情况是上级领导和相关人员都非常关心的问题，要及时向上级领导、各个部门报送相关情况，才能保障相关人员及时了解项目的进展，进一步动态地分析控制，或者及时改善。有了以上清晰的工作思路为保障，该方案设计最终成功获得了上级和客户的认可。

一名优秀的产品经理对所管理的产品既是宏观调控，要从整体把握产品的执行情况，及时调整和改良，同时也是微观操作，要自己跟进很多具体的细节工作，如协助营销、产品测试、分析报表报告等。因此，即使面对多方压力，产品经理也要始终保持乐观积极的态度，自己找到一种舒缓压力的方法，保持冷静清晰的头脑。

[正向案例 2]

## 化压力为动力，超越自己

当今，客户的需求不断变化，能否及时抓住市场需求，设计出合适的金融产品，是对银行产品经理的考验。然而，由于金融产品易于模仿，因此，即使设计出来新产品，往往也很难长久占领市场。当设计出来的产品逐渐失去竞争优势的时候，产品经理必须马上投入下一个新产品的研制过程。某行的产品部负责人告诉我们："现在银行之间的竞争越来越激烈，你只有不停地研究市场，不停地设计合适的产品，才能生存下来。所以，作为产品经理，你要承担很大的责任，一定要有很好的抗压能力。"后来，该负责人谈了他的工作经历。

2008 年他在北京某银行任产品经理，恰逢北京奥运会的举办。北京奥运会对于所有银行来说，无疑是一个机会。因此，银行的每个部门的人都打起十二分的精神，为奥运做准备。对于产品部来说，压力更是特别大。他们每天搜集大量有关奥运的资料，预测客户的未来需求。每天部门里都要开好几次会讨论，有时候又和不同部门的人一起开会讨论。他们不断地提出新的产品设计方案，又不断地被否定。奥运的前几个月，他每天都给自己加班，研究材料。终于，在奥运的前一个月及时推出了有特色的银行产品，使得银行在竞争中不落下风。他也由于出色的表现获得行里的表彰。

[反向案例]

## 定位和职责不清晰，产生失落感

产品的管理是一项既重要又辛苦的工作，说它重要，是因为产品是银行直接面对客户的，它是否适销对路，关系着银行收入的高低；说它辛苦，是因为产品管理的工作比较烦琐，大大小小很多的细节工作、很多的事情都需要管理这个产品的经理去关注和解决。

当工作的范围和职责不清晰，产品经理做着做着，有时就会发现越来越多的杂事要自己完成，不由自主就会发出"这项工作不应该我做，我怎么做了？"这样的感慨。出现这种情况，一方面是其他部门应做的事情，需要产品经理协助帮忙，本着团队合作和对工作负责的精神，产品经理是应该帮忙的；另一方面是其他部门理所当然地认为产品经理就应该处理这些小事和杂事，从而容易使产品经理陷入无休止的杂事处理之中；还有一种情况，是其他部门应该做的事情，也找产品经理去做，因为"产品的任何问题都应该与产品经理有关"。

因此，在实际工作中，产品经理面临来自银行内部工作的事务性压力也是较大的，如果产品经理和银行内部人员互相"扯皮"，则最终会导致业务开展不顺利甚至办理不成功；如果产品经理很负责任，把不是自己管的全部工作都完成，则工作压力将很大。面对这种情况，有时产品经理自己也不确定是否应该做。如果因为产品经理机制问题，导致产品经理的定位和职责不清晰，则出现的后果将是：一旦产品有问题出现，会造成相关人员之间互相推诿责任，影响业务的发展；更有甚者，会引起矛盾，影响整个团队的工作效率以及破坏良好的工作氛围，产品经理也因此常有些徒劳的失落感。

> 生产率不是裁员或者合并就可以提高的，必须自我加压。
>
> ——GE总裁杰克·韦尔奇

## 二、如何提升"责任心"软实力

| 软实力特征 | 责任心 | |
|---|---|---|
| 定义 | 责任心是指产品经理能够认识到自己的本职工作对于金融产品经营管理的重要性，并愿意承担相应的责任，为实现银行设定的目标而不懈奋斗。这要求产品经理爱岗敬业，充分发挥主人翁的精神，认真负责、全情投入，为银行设计、研制、推广、改良或维持有效的各类金融产品而作出贡献。 | |
| 核心问题 | 1. 产品经理是否热爱自己的工作，对自己的工作职责有清晰而深刻的认识。<br>2. 产品经理是否一丝不苟，认真负责，对所负责的产品、客户、银行具有高度的责任心。<br>3. 产品经理是否心系全局，不局限于自己的本职工作，勇于承担更多的责任，在必要时是否愿意为银行利益牺牲个人利益。 | |
| 重要性 | 责任心是一个人良好品质的重要组成部分，也是一个职场员工职业道德的重要部分，产品经理作为银行管理产品的专职人员，必须对组织、对客户有着高度的责任心，才能够脚踏实地地做好本职工作，促进银行发展，为客户和社会作出应有的贡献。 | |
| 等级 | 等级定义 | 可能的行为表现 |
| 水平1<br>（A-1） | 该做的都做：能够在日常工作中体现出责任心。 | 产品经理能够遵守银行内部的各项工作规范；能够按照职责规定开展专业产品的开发和推广活动；按时按质完成日常的工作任务。 |
| 水平2<br>（A-2） | 把该做的做好：能够认真做好本职的工作。 | 产品经理清晰了解自己在银行中的位置和角色，热爱本职工作，全力以赴地按照工作计划完成任务；在完成本职工作的前提下，努力提高工作绩效，不断地在工作中提升自己。 |
| 水平3<br>（A-3） | 像为自己做一般：能够把同事、客户以及上级的事情当成自己的事情来关注。 | 产品经理有较强的道德观念，敢于承担责任；对客户和组织以及社会抱有一定的责任心，把他们的事情当成自己的事情来关注；把客户的赞赏、满意以及上下级给予的认可，作为自己努力的重要目标，不断追求。 |
| 水平4<br>（A-4） | 主动承担：能够主动承担责任。 | 不管面对的任务有多么繁重，产品经理都能够认真完成，善始善终；把完成工作，当做是日常中最重要的事情来看待，全力以赴完成；热爱自己的工作，实现工作目标能给自己带来巨大的满足感，并驱使其主动承担更多的责任。 |
| 水平5<br>（A-5） | 甘于奉献：具有高度的责任心，愿意为团队、组织牺牲个人利益。 | 凡是应尽快完成的工作，产品经理都会按时按质完成，即使牺牲个人时间和精力也没有怨言；当工作需要时，愿意主动加班；愿意并努力获得客户的满意和上下级的认可；把工作当做事业来经营，对客户、组织、社会抱有高度的责任心，必要时愿意牺牲个人利益奉献给集体。 |

[正向案例1]

## 产品经理是银行发展的关键之一

　　某银行成立于20世纪90年代，是我国第一家完全由企业法人持股的股份制商业银行，总行设在深圳。经过二十几年的发展，该银行已从当初偏居深圳蛇口一隅的区域性小银行，发展成为一家具有一定规模与实力的全国性商业银行，初步形成了立足深圳、辐射全国、面向海外的机构体系和业务网络。目前在境内30多个大中城市、香港设有分行，网点总数400多家，在美国设立了代表处，并与世界80多个国家和地区的1100多家银行建立了代理行关系。在飞速发展过程中，产品经理制发挥了很好的作用。

　　该行从一个小银行发展到颇具影响力的银行，面临着非常大的机遇和挑战，而其中，建立了产品线管理制度，大大促进了产品经理制的发展，并贯彻"产品经理是对产品负责而不是对研究成果负责"的理念。产品经理必须有责任心，对产品负责，因为如果不对产品负责任，就不会重视产品商品化过程中出现的若干问题，而只重视成果的学术价值，这样会使研究成果放置无用。对于该行的产品经理来说，市场调研是第一要务，它是指研究市场以了解客户需求、竞争状况及市场力量，其最终目标是发现创新或改进产品的潜在机会。其次，根据客户的需要设计金融产品是根本。产品的市场成功，是衡量产品经理的唯一标准，该行紧紧抓住产品的商品化，一切评价体系都以"产品商品化"为导向，因此产品经理要对研发、测试、生产、售后服务、市场、产品行销等各个环节负责任。该行能够不断推陈出新，飞速发展并得到市场认同，离不开一群有责任心的产品经理。

[正向案例2]

## 专业且负责是提供优质服务的保证

优秀的产品经理应该爱岗敬业，充分发挥主人翁的精神，认真负责、全情投入产品创新，因此产品经理必须有持续不断的学习热情和学习习惯，保持并提升其专业性，方能使客户得到更好的产品和服务，最终赢得客户。

某商业银行的客户因对德国出口设备，在3月下旬收到第一笔50万欧元收汇，因那时欧元兑人民币汇价已跌破客户签约时的汇价标准（1欧元兑9元人民币），该客户一直持币观望。4月下旬某日，欧元出现剧烈震荡下跌（汇价下探至8.5），客户开始恐慌，要求该银行立即为之办理结汇。该银行产品经理研究市场情况后，发现当日欧元跌幅是近十年当日最大跌幅，且与欧元区所反映的经济数据不匹配，属于超跌现象，在技术上超跌过后一般会有一段反弹行情，于是建议客户延后数日结汇以减少损失，客户同意。次日，汇价果然出现较大反弹，至5月初回复到汇价9的水平，由于5月7日欧元区有重大数据公布，具有较大不确定性，产品经理考虑到该客户属于稳健型企业，建议该客户应以既定的风险预期为原则立即结汇离场，不宜博弈后续升值机会。由于此前该银行的产品经理坚持每天向企业的财务高管报价，并做行情分析，财务高管对产品经理的专业技术甚为赞赏，乐于采纳其关于结汇时点的建议，并十分佩服该产品经理审慎负责的客户服务态度，决定将该企业的全部外汇业务转由该产品经理办理。

在现代金融服务业，通过维护关键性人物以赢得业务机会的营销时代逐渐淡化，现在的客户更关注银行的产品与服务能否为其资产保值、增值并满足日常运营需求，而在银行产品同质化越来越严重的今天，如何将同样的产品，通过不同的路径使客户满意，甚至使客户体验到超乎其预期的效果，则更多的是依靠产品经理的专业技能和工作态度。

[反向案例]

## 产品策略"僵化"

　　某商业银行的产品策略开始出现"僵化"的现象，分析其原因，一方面是产品经理的"脑懒"。产品经理没有发挥主人翁精神，没有意识到本职工作的重要性，不去开动脑筋想新方法，一味地想着省事。另一方面是产品经理"嘴笨"。负责销售的客户经理或多或少都有惰性，不希望经常更换产品的政策和方案，因此常常偏向于要求产品经理"延续上月政策"，而此时产品经理如果讲不出个子丑寅卯谁对谁错的理由，就只好应声答应。

　　但是银行的客户在不断变化，竞争对手也在不断变化，营销渠道也在不断变化中，如果产品经理制订出的产品策略处于"僵化"状态，则无法满足市场的成长需要。不变的产品策略导致营销成了"刚性"，造成了对营销渠道的依赖，则容易使银行产品的销路随着产品的同质化、产品的价格日趋透明而日渐走向衰落。

　　　　　　　　责任是绩效的保证。

　　　　　　　　　　　　　　　　　——管理大师彼得·德鲁克

# 三、如何提升"稳重严谨"软实力

| 软实力特征 | 稳重严谨 |
| --- | --- |
| 定义 | 稳重严谨是指产品经理处事谨慎而踏实，考虑问题缜密，对工作有清晰有序的思路，在工作规范和细节上予以关注，按照一定的程序和规范办事，重视内外部规则的约束，具有减少失误及保持高标准工作质量的愿望和能力。 |

续表

| 软实力特征 | 稳重严谨 | |
|---|---|---|
| 核心问题 | 1. 产品经理是否具有很强的程序和规范意识，是否严格要求自己，减少工作失误。<br>2. 产品经理在日常工作中，是否遵守政策制度规定，考虑问题全面严谨，是否要求高标准的工作质量。<br>3. 产品经理面对问题时，是否保持稳定沉着的工作思路，谨慎地处理问题。 | |
| 重要性 | 银行是一个经营特殊商品——货币的高负债行业，金融市场的运营也日趋监管化，产品经理在产品开发、设计、投放、调研、推广、营销支持等日常活动中，常常面临信用风险、市场风险、操作风险等挑战，这需要产品经理具备严谨、规范、细腻的职业风格及稳重的个性特征，在日常工作中能养成激进与稳健、风险与收益相对均衡的工作习惯。 | |
| 等级 | 等级定义 | 可能的行为表现 |
| 水平1<br>（A-1） | 规范办事：日常工作中能够按照一定的程序和规章制度办事。 | 产品经理在处理例行工作时，能够按照一定的程序和规范办事；遇到问题或困难，不会浮躁地做出下一步的决定，而是参照相关制度流程办事；有一定的忍耐力。 |
| 水平2<br>（A-2） | 沉着冷静：能够沉着冷静地面对工作中出现的问题，不逃避责任。 | 产品经理能够勇于面对工作中层出不穷的问题，不会轻易逃避应该承担的责任；能够沉着面对出现的棘手问题，耐心征询同事或上司的意见，冷静地思考解决的措施；能够按照规定的流程处理出现的问题。 |
| 水平3<br>（A-3） | 审时度势：能够随着政策制度的变化而修订自己的做事方法，慎重考虑处理事件的措施。 | 产品经理能够关注政策制度的变化，适时适度地改变工作的重点；能够在银行内部树立稳重、严谨的工作形象，得到同事和上司的认可。 |
| 水平4<br>（A-4） | 值得信赖：处事严谨，性格稳重，能够给客户值得信任的专业形象。 | 产品经理办公谨慎，为客户处理问题时，能够提供专业的讲解和意见；与银行外部人员沟通协调时，能够表现出处事不惊、考虑周全、谈吐大方得体的形象；能够以严谨的态度和稳重的作风赢得客户的信赖。 |
| 水平5<br>（A-5） | 感染别人：能够将严谨的态度和稳重的作风感染别人，促进团队形成良好的工作习惯。 | 产品经理无论对内还是对外的工作，都表现出谨慎而踏实的工作态度；能够认真细致地完成上级交代的工作，满足客户的需求；能够以身作则，感染共事的同事，协助提高团队的风险管理意识，促进团队每一位成员养成良好的工作习惯。 |

[正向案例 1]

## 严谨的作风终获客户信任

某大型集团企业的分公司 A 拥有 1350 万吨/年的原油加工能力，其中 80% 以上的原油从国外进口，但在货款结算上一直采取向北京代理公司支付人民币、由其购汇付款的方式，这一潜在的外汇市场长期难以开发。2007 年人民币进入单边升值的快速通道，某银行产品经理抓住这一机会，向 A 公司提交了"外汇贷款＋远期购汇"的融资服务方案，建议其借助银行外汇贷款将即期付汇转为远期付汇，以分享人民币升值而产生的套利机会，由于即期和远期的汇差收益可完全覆盖外汇贷款融资成本且有较大的差额收入，引起了企业极大的兴趣。服务方案提交后，由于 A 公司集团总部的管制以及该银行的外汇头寸紧张等原因，该服务方案一直无法实施。

然而，该产品经理坚持每天向企业的高管报价，每周递交一次更新的测算方案，通过信息的持续更新和交流，令企业的高管保持对这一方案的兴趣。同时，产品经理在平时与公司的交流中，表现出的专业和严谨，赢得了企业的好感。最终，在首次提交方案将近一年后，A 公司终于同意在该银行办理 4 亿美元的外汇保函及等值购汇业务。

可见，良好的心理素质和坚持不懈的毅力才能最终等到开花结果。在合适的时机将合适的产品销售给合适的人，产品销售才会成功。产品经理踏实的工作作风，最终会赢得客户的信任。

[正向案例 2]

## 树立严谨的形象，让客户放心

X 银行某支行要争取一户进出口企业的结算业务，该企业一直与 Y 银行有结算业务往来，对 X 银行的外汇业务水平不太信任。为了争取该企业的业务，X 银行的支行向外汇产品经理寻求营销支持，希望共同努力协作，争取完成更多的国际业务。

X 银行与企业约好时间，产品经理一行带着宣传资料和充分的演

讲准备，来到企业为其全体业务人员介绍 X 银行的结算产品和相对应的贸易融资产品，并为企业新招的业务员讲解了国际惯例与结算产品的应用，详细解答了企业提出的问题。最后，企业对 X 银行产品经理的讲解十分满意，并逐渐把业务转到 X 银行办理。

产品经理过硬的专业水平，对产品的熟练掌握，以及稳重严谨的专业形象，是令客户信任的基础，俗话说"人靠衣装，佛靠金装"，产品经理靠的是"专业装"，这是一种个人魅力，也是一种专业能力。只有客户对银行的产品经理充满信心，才会放心地把业务交给银行办理。

[反向案例1]

## 严谨是对银行从业者的基本要求

最近，某商业银行的市分行开展"开门红"营销活动，恰恰此时，一位银行朋友介绍了一位房地产老板给该银行的产品经理认识，说要到该城市发展房地产业务，投资金额几千万元。当时，产品经理觉得是一个好的业务机会，因此随即向该客户表达了银行想与其合作发展房地产业务的意愿，并向他提出该行当时的存贷款指标任务的困难，希望他能支持解决，该老板当场就答应给予支持。随后，产品经理不到两天就给他打电话，但对方找借口推托了。

后来，该企业老板也成为了该商业银行的客户。事后在日常接触中，当追溯此事时，该企业老板认为，当时他不敢相信这位银行人员，所以之后没有找这位他，因为他觉得只是刚认识的朋友而已，那么大投资的一件事，那位银行人员随口就答应，给他感觉好像太急和不太实在，交朋友需要有个过程，在接触中从了解到逐渐加深认识，才能慢慢建立起信任关系。

该产品经理与客户的接触中表现出的急进和不够稳重，代表的不仅仅是个人形象，也代表了银行形象，因此，产品经理应注重对外专业形象的培养，考虑问题要全面得体，才能迈好台阶，为银行贡献力量。

[反向案例2]

## 善于培育和激发客户的需求往往比一味地迎合客户有效

　　产品经理是以客户为导向的创新型产品管理专家，但是"以客户为导向"不代表是一味地迎合客户去改变产品设计，因为客户获得的是体验产品的感受，并未真正了解产品的设计过程和工作流程。大多数情况下客户对自己的需求不是很了解，他们不知道自己想要的是什么样的产品，只有一些模糊的概念和感受，一味地迎合客户，只会让产品经理陷入协调客户不断变化的需求之中而不能自拔，无法为客户实现更大的价值。而产品经理对自己的产品是最熟悉的，也清楚如何使用能够给客户带来价值、带来多少价值。因此，产品经理必须学会引导客户的需求，起一个专业的导向作用，而不是一味地迎合客户。相反，如果产品经理不够稳重严谨，一味地迎合客户，最终也只能为银行带来损失。

　　当企业遇到大好机遇时，作为领导者，一定要找到兼顾速度与稳健的最佳平衡点，我的左眼是一个望远镜，右眼是显微镜。所以我既能看到远处，又要考虑到内部的精确管理。

——伊利集团董事长潘刚

# 第八章　如何提升商业
# 银行产品经理管理软实力

**本章提要**　本章对"商业银行产品经理软实力模型"的管理软实力特征群进行了介绍。产品经理也是银行管理者，必须具备管理软实力。产品经理管理软实力特征群包括"团队意识"、"风险意识"等素质特征。对每一个软实力素质特征，本章提供了来自许多资深产品经理的成功或失败的经典行为事件，相信会对读者具有很好的启发作用。

## 一、如何提升"团队意识"软实力

| 软实力特征 | 团队意识 |
|---|---|
| 定义 | 团队意识是指产品经理关注自身团队的工作效率和发展，对整体发展有深刻的感受，为了在短时间内完成工作并实现团队利益最大化，有意识地在实际工作中为成员提供有效的培训、辅导或者支持帮助，从仅有的信息和资源中不断推动团队工作，激发成员的潜能和促进团队整体的发展。 |
| 核心问题 | 1. 产品经理是否意识到团队发展的重要性，在工作中是否愿意进行产品开发管理的充分交流，根据团队的具体问题提出有建设性的意见。<br>2. 产品经理是否愿意在实际工作中承担起"帮传带"的责任，帮助其他成员更快地成长，促进整体团队的发展。<br>3. 产品经理是否重视组织开展对产品的更新学习和培训，并把积极推广新产品的应用作为自己的本职工作之一。 |
| 重要性 | 当今银行产品日新月异，产品的管理仅仅靠一个产品经理的智慧和力量是不够的，要想在同业激烈的竞争中取得持续性的优势，产品经理要深刻意识到管理团队不断进步的重要性，懂得激发、培养和发展团队每个成员的潜力和力量，集思广益，共同学习进步，努力推广产品的应用，才能为银行创造更好的绩效。 |

续表

| 等级 | 等级定义 | 可能的行为表现 |
|---|---|---|
| 水平1<br>（A-1） | 简单交流：能够对团队成员在工作上提出的困难进行解答和帮助。 | 产品经理能够针对提出的具体问题进行解答和帮助；愿意分享自己的成败经历，给其他成员一定的建议，并确认他人了解自己的意思；能够得到其他成员的支持和配合，共同为银行服务。 |
| 水平2<br>（A-2） | 广泛指导：能够从整体上或者宏观上对提出的问题予以指导和工作建议。 | 产品经理在解决问题之外，还会从团队发展的角度上给予一些相关知识的指导，避免同类问题再次发生；注重在工作中广泛征求成员的建议和意见；对团队成员更侧重于思路和策略上的指导。 |
| 水平3<br>（A-3） | 深入指导：有良好的整体发展意识，能够根据不同成员的情况，对不同产品的问题给予不同的指导。 | 产品经理能够主动了解团队的发展情况，根据不同成员的特点和工作水平，有针对性地进行个别指导；能够及时发现团队成员在工作中出现的新问题，并根据实际情况调整对不同成员的指导；确定团队成员的优势和发展需要，及时提供反馈意见。 |
| 水平4<br>（A-4） | 信任团队成员：互相信任团队其他成员，并有意识地培养和提高团队的效率。 | 产品经理勇于把产品管理的工作转授给团队有能力的成员，让其完成有挑战性的工作；能够谅解其他成员的初次失败，在给予工作指导的基础上，协助其改善工作思路和方法；培养团队成员互相信任和帮助的氛围，促进各成员能力的提高和发展。 |
| 水平5<br>（A-5） | 持续提升意识：致力于建立学习型的团队，有强烈的持续培养和提升与产品相关能力的意愿和行为。 | 产品经理有强烈的培养发展意识，经常在银行范围内开展较为系统的产品更新培训；积极为团队成员和业务人员提供广泛的支持、指导，促进技能提升和业务拓展；鼓励成员进修学习、互相交流，努力为整个团队创造一个良好的学习氛围；高度重视团队成员的发展为团队带来的提升，并有效提高团队整体的效率。 |

[正向案例1]

## 积极培养国际业务品牌，提升银行竞争力

在商业银行的竞争中，国际结算、贸易融资的市场竞争越演越激烈，银行产品和服务同质化的情况日益突出，G银行推出一种国际业务品牌"财智国际"，力争通过品牌建设来提升银行核心竞争力和服务层次。

该产品业务内容主要包括：G 银行的全部国际结算、贸易融资产品；首期十款产品套餐组合。负责该项新业务的产品经理希望达到的目标是：（1）使相关业务人员掌握该品牌和产品的应用；（2）加强对外部的品牌宣传。产品经理经过前期的调查和使用感受，采取以下措施为相关业务人员提供培训和辅导：（1）制作生动易懂的 PPT 课件，在部门内与领导及业务专家进行讨论交流；（2）对下级行进行新产品的介绍（包括几次大型的集中介绍、到下级行巡回介绍、定期对支行行长介绍）；（3）与上级行、下级行进行沟通交流，在信贷政策、外管政策、操作系统、业务流程方面，对产品进行完善和改进；（4）与办公室合作对该新业务品牌进行多次平面媒体宣传。

经过产品经理一轮推介培训和品牌宣传，促进了 G 银行的这项新业务产品的对内、对外推广工作，不仅使内部团队成员更好地学习了新产品，而且使外部客户及早感受到新产品的存在，有助于银行客户经理对客户进行销售，更好地切入话题。优秀的产品经理关注整体发展，致力于提高团队成员的业务知识和工作效率，因为能够开发出好的银行产品，使银行产品"适销对路"，仅靠产品经理一人的力量是不够的，而应该是团队的合力，才能使客户的满意度更高，为银行创造更大的财富。

[正向案例 2]

## 优秀的管理者善于培养下属

产品经理 A 刚刚成为某个银行产品的项目经理，从被管理到管理别人，从被动工作到激励和鞭策别人工作，角色的转变让 A 逐渐转换工作方法和思路，认真考虑如何做一名受人尊敬、同时能完成任务的项目经理。产品经理 A 结合自己多年来被管理的感受和工作经验，提出了对团队建设的看法，并有效提高了团队工作的积极性和工作效率，最终结果证明 A 的想法是正确的。

产品经理 A 所采取的措施包括：一是注重为团队建设一个共同的目标。俗语说得好，"没有行动的远见只能是一种梦想，没有远见的行动只能是一种苦役，远见和行动才是世界的希望。"团队，是各个成员为了追求共同的目标组建起来的，也就是为了实现某个项目或产品或任务这样或那样的共同目标而组建的利益共同体。团队成员之间一定会存在不同的观点，每个人思考的角度和利益出发点也会有所不同。通过对团队的摸底和讨论，修改团队目标表述内容以准确反映团队的目标责任感。虽然，在实际工作中，很难让全部的成员都同意目标表述的内容，但求同存异地形成一个每个成员都认可的、都接受的目标更重要，那样才能获得每个成员对团队的真实承诺，以及甘愿为之付出的团队合作精神。二是增强成员之间的相互了解。在一个团队里面工作，通过增加成员之间的认识和了解，增进默契，则每个人都会开始关注团队的整体发展和工作效率提高，逐渐为了实现团队利益的最大化而去共同努力，在团队里形成一种良好的工作氛围和文化。

该产品经理就是怀着上述两点理念来建设团队，团结项目组的所有成员，成功推进了团队建设，取得了较好的效果。

[反向案例]

## 产品经理缺少"传帮带"

产品经理一般是从基层做起，对业务熟悉，习惯了做具体工作，有时候安排工作会沿用做具体工作的做法，宁愿自己去做跟进很多细节工作，而忽略了整体团队合作的重要性，缺少培训辅导他人的意识。他们有可能认为自己是最好的，也有可能对别人做事不放心，不太相信其他人，更没有意识到帮助他人提升技能会大大促进整体工作效率的提高，其结果导致产品经理自己累得筋疲力尽，更挫伤了其他人的主动性和积极性。

产品管理工作是一种团队工作，需要很多人的支持和配合，单凭某个人的力量无法实现产品的最终目标，而需要依靠整个团队的力量，共同努力来实现。产品经理是全过程产品生产销售专家、全过程产品管理服务专家、全过程产品优化创新专家和专业化产品应用实施专家。产品经理是属于一种专业类职位，但该岗位也属于一种管理职位。产品经理担当着统筹管理产品线的角色，因此其职责除了要关注细节工作，还要掌控产品发展的全局，进行整体协调。怀着"一切为了产品"的宗旨，产品经理应学会针对其他成员的技能水平，制订不同的辅导计划和目标。这里所说的其他成员，包括同部门的人员，以及跟产品线有关的客户经理等，产品经理应关注培养其他成员的综合能力，通过"帮、带、传"的培训方式，提升整条产品线相关人员的工作效率，这样才能更好地推进整体团队的快速成长，促进业务做大做强。

> 真正进步的人绝不以"孤独"、"进步"为己足，必须负起责任，使大家都进步，至少使周围的人都进步。
>
> ——中国著名政论家、出版家邹韬奋

## 二、如何提升"风险意识"软实力

| 软实力名称 | 风险意识 |
|---|---|
| 定义 | 风险意识是指产品经理能够综合运用风险管理知识，根据具体情况分析把握好风险和利润之间的关系，合理平衡好银行风险管理与市场营销、市场开拓三者之间的关系，并采取合理的措施管理各种风险。 |
| 核心问题 | 这个特征不仅要评估产品经理是否具备综合系统的风险管理知识，还要考察其能否把控风险和利润之间的关系。 |
| 重要性 | 风险和收益总是相伴而行，如果产品经理对风险有深刻的认知，将有助于通过智慧的认知、理性的判断，继而采取及时有效的防范措施规避损失，从而找到风险和收益的平衡点，不仅能规避风险、保护银行和客户利益，甚至能在风险中寻求新的机遇。 |

| 等级 | 等级定义 | 可能的行为表现 |
|---|---|---|
| 水平1<br>（A-1） | 机械防御：能够及时发现风险，采取一定措施进行处理。 | 能够及时发现风险，并根据自己的分析，采取一定的措施处理风险。 |
| 水平2<br>（A-2） | 灵活化解：能够及时发现风险，采取多种措施化解风险。 | 发现风险后，能够根据自己的分析和以往的经验，采取多种有效的措施化解风险。 |
| 水平3<br>（A-3） | 掌控风险：能够在发现风险后锁定风险，将风险范围和深度控制在最小程度，并采取措施化解风险。 | 发现风险后，能够根据自己的分析和以往的经验，采取有效的措施去锁定风险，防止风险的蔓延，并化解风险。 |
| 水平4<br>（A-4） | 风险预警：风险的预见和控制能力。 | 能够在风险发生之前较好地把握业务的风险点，并采取相应的措施避免风险的发生。 |
| 水平5<br>（A-5） | 转危为机：具有全面的风险经营观，能有效识别、规避风险，并能将风险转化为机遇。 | 具有全面的风险管理意识，对可能出现的各种风险都能做出较好的预测，并采取措施防范风险的发生；在风险发生时，能够妥善处理风险，并寻找机会将风险转化为机遇。 |

[正向案例]

## 保持风险意识，维护银行利益

　　某年初，A公司向B银行申请开立受益人为C公司的备用信用证，并提供足额的保证金。产品经理审核了开证申请人提交的材料，合同中卖方的确为C公司，并且有双方人员的签章。但是由卖方提供的备用信用证格式却出现了疑点。首先，此格式的申请人和受益人不符合开证申请人提交的材料。其次，责任条款也不符合常理。该产品经理立马联系A公司，指出了这两个疑点，并提供了B银行的标准格式给A公司作为参考。A公司将该格式传真给C公司，请其修正。然而C公司拒绝接受新格式，并辩称："此格式在当地不能使用，一定要按照原来的格式办理，否则将取消合作。"A公司眼看货物市场行情走俏，不想失去赚钱的机会，再三恳求B银行开证。负责此事的产品经理立即对卖方的资信进行调查，终于在某一咨询机构中获知卖方曾有利用备用信用证进行诈骗的行为。产品经理马上转告A公司。接下来，该产品经理致电其他银行机构，发现由卖方提交的备用证格式是伪造的。最后，终于真相大白，客户和银行都没有遭受损失。B银行也成了A公司非常信赖的银行。

[反向案例]

## 畸形的"天作之合"

　　经过几番周折，董某终于当上了资产管理中心的产品经理。他工作的确非常卖力，利用自己曾在司法部门工作过的有利条件，加大了不良资产的清收力度，设计了多种不良资产处置盘活的产品，取得了很好的成效。分行的一些不良资产大户，不良资产数额巨大，多年清收无果，董某上任后也都有了明显的起色。尤其是在不良资产的盘活上，他更是充分施展才能，想出了很多办法，仅半年的时间就清收盘活 1.9 亿元，抵债资产变现 1500 万元。清收工作名列前茅，受到了上级行的好评。

　　年终在上级召开的清收不良资产会议上，董某作了经验介绍。其中一个较为得意的经验，就是与拍卖公司、评估咨询公司三方合作，处置抵债物，三方合作的基础是商业利益的共享。这一经验被上级行推广，多家分行模仿了这种模式。在经验介绍中，董某称这种合作是"天作之合"。

　　但是仅一年的时间，就有人检举这种"合作"的背后隐藏着不可告人的秘密，他们三方的有关人员达成默契，采取低估、暗拍、伪造账务的方式，将非法所得私分。司法部门和上级行经过调查，弄清了事实真相，查处了有关人员，董某等人锒铛入狱，"天作之合"不解自散。

　　"道德风险"是金融风险防范中的一个重要内容，多方合作要加强监管力度，以制度约束人。同时还要加强学习和培训，提高员工的主人翁意识，清除风险防范上的死角，堵塞业务发展中的漏洞。

　　　如果员工不愿意犯错误，那么他们永远不可能作出正确的决策。另一方面，如果他们总是犯错误，你就应该让他们去为你的竞争对手工作。

　　　　　　　　　　　　　　　　　—— 花旗集团经营格言

# 第九章　如何提升商业银行产品经理认知软实力

**本章提要**　本章对"商业银行产品经理软实力模型"的认知软实力特征群进行了介绍。认知软实力特征群包括"专业知识"、"信息搜集"等素质特征。对每一个软实力素质特征，本章提供了来自许多资深产品经理的成功或失败的经典行为事件，相信对读者将具有很好的启发作用。

## 一、如何提升"专业知识"软实力

| 软实力特征 | 专业知识 |
|---|---|
| 定义 | 专业知识指产品经理具有从事金融产品设计、组合、创新等活动过程中需要的金融、经济、管理学、法学、心理学等方面的专业知识，并在产品推广和销售支持的过程中具有以客户为中心、以市场为导向的相关营销经验和能力，以及熟悉产品在销售和使用过程中需要及时处理业务的操作能力。 |
| 核心问题 | 1. 产品经理能否承担金融产品开发、组合、管理的研究工作。<br>2. 产品经理能否做好金融产品的推广工作和营销支持相关工作。<br>3. 产品经理是否对产品有深入了解和研究，熟悉并能及时处理产品的业务请求及相关操作。 |
| 重要性 | 产品经理最重要的能力之一是对金融产品和产品相关的业务操作有着非常深入的认识和了解，才能正确地结合产品特点、市场动态和客户实际需求开展产品的推广和销售支持的工作。专业知识也是产品经理进行合理产品设计开发的基础，因应客户个性化需求的趋势，现代金融产品愈加繁杂，没有专业的业务知识难以完成全方位产品开发的工作。 |

| 等级 | 等级定义 | 可能的行为表现 |
|---|---|---|
| 水平 1<br>（A－1） | 基本具备：具有比较系统的金融学及经管类专业知识。 | 产品经理了解金融业的基本知识及相关金融产品的市场态势，能运用这些知识分析金融产品在竞争市场中的优劣；拥有一定的银行实际工作经验，能为产品推广、营销支持等工作提供帮助。 |
| 水平 2<br>（A－2） | 知识丰富：具有广泛的专业知识和产品业务操作经验及能力。 | 产品经理掌握金融学、经济学、管理学等学科在银行工作中的知识结合；经常通过各种渠道了解与金融产品相关的信息，善于运用自己的专业知识分析同业竞争市场的发展趋势；受益于较为丰富的银行从业经验，有较强的金融产品相关操作能力，能为前台营销部门提供中后台的协作。 |
| 水平 3<br>（A－3） | 与时俱进：能够以发展的眼光看待知识的发展。 | 产品经理具有丰富而完整的知识体系，并能密切关注金融产品领域的发展，在不同的市场区域内能有效运用现有的专业知识进行分析和总结；熟悉银行经营中资产业务、负债业务、中间业务金融产品的办理和使用，以客户为中心将产品进行组合以满足客户需求；在工作中有丰富而良好的市场经验，能为产品推广和销售提供支持，并能及时处理产品出现的各种问题。 |
| 水平 4<br>（A－4） | 主动分享：能够将知识和经验拓展，与团队成员分享自己的知识和经验。 | 产品经理乐于和其他成员分享、交流其业务知识和工作经验；能用自己的业务知识和经验让其他成员得到工作启发，推动他人工作的开展；能灵活运用不同的产品组合满足不同客户的需求，为前台营销部门提供坚实的销售支持；根据客户对产品的反馈信息，积极改良产品、开发新产品以适应或开发出新的市场需求。 |
| 水平 5<br>（A－5） | 提升理论化：能够将学到的新知识和已有的工作经验理论化，从实践上升到理论化水平，传授别人并运用到日常的工作中去。 | 产品经理能够不断学习新知识以增强专业知识，并把新知识与银行的日常业务联系起来；能够及时总结日常工作中的经验，并运用到日后的工作中；能够积极开展专业知识的培训和交流活动，帮助其他成员提高业务知识水平和积累处理业务的经验。 |

[正向案例1]

## 联动基层支行，"拓户"添动力

为了大力开拓和发展不同区域的国际业务市场，某商业银行根据当地基层支行汇报收集得来的当地国际业务情况，经过考察分析后，成功地在当地举办了一场外汇推介会，在当地三资企业中产生了很好的影响。会后，主办这次推介会和相关业务的产品经理A继续紧抓这股东风，逐户落实跟进参会企业的需求。

产品经理A具备一定的营销经验和令人信服的专业知识，在产品推广时能够顺利协助基层支行的业务发展，并且能以客户为中心推介和设计合适的产品，其专业知识得到其他人的一致认可。

××企业一直是当地区域进出口业务量前三名的大企业，年进出口总额在4000万美元以上，是多家银行争夺的焦点企业，在同业银行有贷款，企业所有结算均集中在他行办理。产品经理A联同管户的客户经理、支行行长多次上门营销，以自身娴熟的专业知识，针对该企业的经营特点和结算模式，提出合适的产品服务方案。经过4个多月的业务推荐和耐心营销，该银行的合作诚意和服务优势赢得了××企业的赞赏，成功与××企业签订了700万英镑远期，并承诺在提供有条件贸易融资的基础上逐步将他行业务转移到该银行，此举打破了同业银行在当地国际业务前三强的垄断地位。

[正向案例2]

## 率先推出产品，抢占营销先机

为了解决公司客户对资金高流动性和良好收益性的要求，某商业银行推出一种超短期的人民币创新型理财产品，进一步满足了公司客户投资理财的需求，同时达到挖转其他银行资金、优化存款结构、拓展优质公司客户群体的目标。

　　为了争取率先营销此款无固定期限超短期的人民币理财产品，负责该项目的产品经理，积极采取了以下行动：（1）把握产品卖点，了解客户需求，积极主动向目标客户开展营销；（2）收集客户名单，做好客户资源储备工作，从存款大户、定期存款客户、流动资金周转大户等客户中选定目标客户，建立名单制度，对客户购买情况建档跟踪；（3）通过对本行结算客户资金使用的流动性进行分析，对行业淡季及资金闲置较多的企业落实客户经理上门营销工作制度，实行重点推介，提高营销成功率。最后，成功营销了该商业银行的第一笔无固定期限超短期的公司人民币理财产品，单笔金额达到人民币 5000 万元。

　　新产品的成功营销和获得较好的市场反应，不仅得益于新产品在较高程度上满足了客户需求，对客户产生吸引力，更重要的是在于该项目的产品经理充分认识到新产品对促进银行经营模式转型、提升市场竞争力、巩固和加强优质客户关系方面具有重要意义，进而不失时机地进行产品推广和销售支持，激发业务最前线的人员行动起来，准确把握产品卖点，积极主动地向目标客户开展营销攻略，从而打响新产品成功营销的第一步。

[反向案例]

## 缺乏专业知识，难以创新

　　某产品经理在商业银行从事国际业务方面的工作，在日常工作中需要对国际结算的各类单证进行审查和复核，例如面对国际信用证（LC）的开立、修改、承兑，要仔细逐个审查条款，审查是否对银行客户有利或者不利，要正确把握各类外管政策、内部管理规定以及各种操作风险，随后通过系统生成相关的业务报文。

　　国际业务处理需要较高的英语水平、熟悉外管局政策，掌握专业的单证知识，由于该产品经理的审单经验不足，专业知识不够扎实，在工作中无法独立对一些风险点进行揭示和防范，需要部门其他人进

行帮助和把关，影响了工作效率和效果。基础工作没有做好，对业务研究不够深入，更无法对现有的产品和流程进行改良或创新。

如果产品经理对自己所从事的领域没有深入的了解和研究，不具备深厚的专业知识和娴熟的业务技能，则难以开展产品研发、设计以及推广应用等一系列改良和创新工作。

> 大部分人都不能发挥所学，所知道的可能是所用的好几倍；大部分人都无法把自己拥有的各种知识加以整合，因而不能把它用在实务工作上。
>
> ——管理大师彼得·德鲁克

## 二、如何提升"信息搜集"软实力

| 软实力名称 | 信息搜集 | |
|---|---|---|
| 定义 | 信息搜集是指产品经理能够从各种纷繁复杂的信息中获取所需的信息，有效地进行处理，从而更好地服务客户，为银行创造效益。 | |
| 核心问题 | 这个特征主要为了识别产品经理是否能从纷繁复杂的信息中获取有效的、自身需要的信息，并衡量其信息的敏感度。 | |
| 重要性 | 被称为信息时代的当今，信息的重要性不言而喻。信息搜集是产品经理获取知识、拓展客户的重要途径，只有具备这种能力方能在这知识日新月异的时代不断获得自身和企业的发展。 | |
| 等级 | 等级定义 | 可能的行为表现 |
| 水平1<br>（A-1） | 只能够通过相当有限的途径搜集信息。 | 一般通过报纸、刊物等最基本的、最传统的途径搜集信息，信息渠道狭窄；对信息的敏感度不高，对与银行业务有关的信息认识较为表面。 |

续表

| 等级 | 等级定义 | 可能的行为表现 |
|------|----------|----------------|
| 水平2<br>（A-2） | 能够通过多个途径、多种渠道来搜集信息。 | 能够通过各种途径，包括网络、报刊、书籍等多个方面了解信息；在行业内拥有广阔的人际关系网，方便搜集信息；不仅注意到银行业的信息，而且视野广泛，能够注意到除此之外的很多信息，并能综合运用。 |
| 水平3<br>（A-3） | 系统化地搜集、总结信息，信息敏感度较高。 | 能够通过多渠道、多种方式搜集信息，并且对信息能够进行及时的归类总结；对所搜集的信息有总体的了解，在需要的时候能够迅速找到自己需要的信息，并且能够综合起来灵活运用。 |
| 水平4<br>（A-4） | 能够把信息搜寻看做一种技术，甚至是一门艺术。 | 善于借助、维护各种渠道和途径来获取想要的信息；为了准确地得到信息，产品经理的信息获取通常具有目的性和计划性；能够把信息搜寻和处理能力当做一种重要的能力和技术来看待，并且在银行内重视对成员信息搜集能力的培养。 |
| 水平5<br>（A-5） | 目的性明确地收集信息，且能够将信息技术系统地运用于业务。 | 推动在银行内部形成有体系的持续不断的信息库；能够不断地丰富充实信息库，并能够提取其中的有用信息并形成及时的信息决策；平时重视成员对信息的搜集和积累。 |

［正向案例1］

## 敏锐嗅觉，把握先机

陈某是某银行的产品经理，为打开个人消费贷款的营销局面，他通过天天跑市场和一次次的"陌生拜访"广泛收集客户信息，加深对客户群体的了解。在一次与客户的交谈中，他得知附近将要开设一家大型高档汽车"4S店"，凭借着敏锐的市场嗅觉，他察觉出其中的机会，并立即着手准备材料，与该车行商谈合作，进行"个人汽车贷款"的针对性营销。由于先发制人，比其他行先行一步，陈某拿下了该车行开业后大部分的"个人汽车贷款"，并以此为契机，抓住客户和车行对汽车消费贷款需求较旺的时机，迅速地扩大了该行的个人汽车消费贷款业务和份额。

在关注信息搜集的同时，陈某还注重信息整理。他充分利用个人客户营销管理系统和积分系统，总结出"分等级，分重点，分需求"的三分理念，将自己维护的客户分为20万~100万元、100万~500万元、500万元以上三类，并充分利用"服务日志"、"登记客户提醒"、"大额异动提醒"、"优质客户管理"、"网点业绩考核"、"产品经理业绩考核"等模块，从而加强了对不同级别客户的服务频率和关注程度，提高了客户维护的稳定性和连续性。

案例表明，作为一名优秀的产品经理，陈某不仅时刻保持对市场的敏感度，广泛收集客户信息，还十分注重对信息的整理和分析，从而为自己的营销工作创造了大量机会，也提高了服务效率。

[正向案例2]

## "多一声问候"发现的优质客户

某日，一女客户持存折来网点贵宾区进行存折补登，一般情况下，大堂经理都会引导客户到大堂的终端机去打印，不过此时大堂经理多问了客户一声："还有什么可以帮到您吗？"客户便说："把我的工资存折的钱转到信用卡上面吧。"大堂经理帮其打印存折时，无意间看到了存折上的数字，发现客户的工资收入每月都过万元，意识到这是一名潜在的优质客户，于是与客户攀谈起来，询问客户平时把钱存放在哪里。客户表示并未将钱固定存放在哪家银行，有时路过哪家银行或者哪家银行人少就将钱存到哪家银行。大堂经理马上将这位潜在优质客户介绍给了产品经理。结果，通过产品经理对该客户的进一步沟通和营销，客户办理了该行的理财金卡，并购买了理财产品，对该行的贡献度大大提高。

此案例中，这位办理存折补登业务的潜在优质客户仅仅因为大堂经理与之多了几句交谈，该行便成功挖掘出了一名优质客户。

[正向案例3]

## 多方寻找资源，成功赢得大客户

某企业是当地最大型的外商投资水暖行业的龙头企业，总投资1.5亿元，在某年5月进驻该城市。X银行早在2月通过其国内关联企业及当地招商局获悉了该企业的相关信息，并着手准备营销工作，与此同时，关注其他金融机构对该企业采取行动的情况。

为了能将该企业营销到X银行，产品经理与客户经理紧密联动，研究营销攻克方案。首先，主动联系该企业在当地的关联企业，多次亲自上门拜访，介绍银行产品和最新优惠政策。多次的接触，使得银行人员和企业人员逐渐熟络。其次，产品经理在营销中及时发现客户的需求，联合管户经理和各方部门，制订了一套完整的业务方案，并主动寻找机会向企业推介。当产品经理向企业进行详细解说及营销时，先由账户开立开始，因该企业是外资企业，所以将外汇结算方面提供汇率优惠的方案作为引子，抛砖引玉。当产品经理意识到客户表现出浓厚兴趣后，便开始营销人民币结算业务，向该客户解说银行出色的网上银行及完善的结算系统。在了解企业员工人数的情况下，演示网上银行功能，直观地让企业看到，通过网上银行系统办理代发工资能大大降低企业财务费用支出，同时解说银行理财产品的实际例子，对企业的闲置资金进行有效管理，并为该企业的高层管理人员推介信用卡业务，以及为企业的生产设定一套生产经营的信贷方案。通过产品经理这套精心准备的服务方案的演示，该企业初步同意在X银行办理业务。另一方面，产品经理继续加强与招商局、工商局等部门的联系，了解其他银行的营销动态。最终，该企业成功在X银行开立了外币资本金账户、结算账户、人民币账户、网上银行、代发工资、信用卡及理财协议。

可见，产品经理要想顺利促成业务达成，一方面要主动利用眼前的信息网络，及时获得最新消息，另一方面要十分清楚现有的银行产品，随时为不同的客户制订相应的服务方案，并适当采取优惠让渡，争取未来更大的效益。在一些基本产品已确立的情况下，产品经理也可以适当延伸到其他不是自己管理的关联产品，主动采取行动为全部银行产品提供营销支持，好的产品需要好的解说。

[正向案例 4]

## 主动采取行动，发现业务机会

某银行产品经理在做常规工作国际结算数据统计时，发现有一设备生产型客户每隔 3 个月即有一笔欧元汇款汇入，初步判断其可能接获有海外设备订单，遂主动上门走访，探个究竟。在与客户财务部门、销售部门的相关人员交流中，该产品经理了解到客户正致力于拓展海外设备供应，由于设备金额较大，海外采购商基本同意按设备建造进度付款，但在设备交付后要求保留合同价款的 10% 作为质保金留置一年，一年后设备无质量问题方予以支付。尽管目前该客户为争取海外订单同意了质保金条款，但对这 10% 的质保金在一年后能否按期收回存有一定的疑虑。该产品经理捕捉到上述信息资源后，立即推荐客户使用该银行的质量保函，建议客户到该行办理以交易对手为受益人的质量保函，以替代留存 10% 质保金的质量保证条款，在保证交易对手利益的同时，实现全部货款及时回收，以及减少一年后可能面临的交易对手支付风险和汇率贬值风险。最终，客户同意产品经理的推荐，成功在该行办理对外担保业务。

产品经理需要练就敏锐的洞察力和市场分析能力，主动采取行动，寻找眼前的资源，才能于细微处发现客户的潜在需求，创造有利的条件和机会，为银行增进收益。

[反向案例 1]

## 营销中的盲点

从事产品经理一职后，小宋的压力陡然大了起来，虽然嘴上说不在乎钱拿得多少，但大家都在努力地做，如果自己做得太差，面子上也是过不去的，所以这些天小宋总惦着到哪里去开展业务。

　　早上刚刚坐下来，科技部门的小黄就来了，她每天照例要到这里取一些数据。常常是取了数据她并不急着走，要东扯西聊地侃上一阵子。以前听她侃觉得是消磨时光的好办法，但现在一肚子心事，又怎么能听得下去呢。

　　这不，她又稳稳地坐在那里谈她的新房子了。她丈夫在矿务局分了一套120平方米的房子，才刚刚开始建，就被她说溻了，连装修什么的都开始计划了。小宋听得不耐烦，但又不好意思起身离开，只好硬着头皮坐在那里，只看她的两片薄嘴唇在动，竟一个字也没有听进去。同事小王却认真地坐在她对面跟她一起聊，小宋觉得好笑：这小王，他和自己一样一笔业务还没做开，竟然有心跟一个闲人聊天儿。

　　到季度末考核的时候，小王的业绩竟然出乎意料地在产品经理中名列榜首，小宋大感不解，了解情况后才知道，他竟然从小黄的口中得知矿务局准备收一批职工的首付款，并准备统一为职工办理按揭的信息，然后利用各种方式和关系，不仅拿下了按揭业务，还争取到了代收费业务。

　　矿务局这一次共建500套住房，总面积约6万平方米，仅首付款就近2000万元，预计总按揭数可达1000多万元。

　　可是，就是这样一条黄金信息却被小宋忽视了。"熟悉的地方无风景"，面对少的可怜的业绩，小宋只好这样自我安慰了。

　　熟悉的地方真的没有风景吗？看不到风景的真正原因其实是因为盲点距离眼睛太近。

[反向案例2]

## 信息获取不及时，怎能与对手竞争

　　中国银联推出了电话POS业务，G商业银行的市分行组织开展相关的推广活动，由于该业务前期只能对专业批发市场的商户开办，因此该业务的产品经理决定利用周末的时间，组织相关人员到当地××产品的批发市场去推广。

经分析，产品经理认为这个电话 POS 业务的产品比较适合专业批发市场的商户，初步估计推广活动会得到支持。出发前，产品经理还通过同事的朋友在税务局工作的关系，认识该××产品批发市场的工作人员，然后就带着产品宣传资料出发。但是，当 G 银行产品经理到达目的地才了解到，原来同业 H 银行早在两个月前，已经对××产品批发市场组织了一次大型的推广宣传活动，基本上××产品批发市场有需求办理该业务的商户，都在 H 银行签订了协议。

G 银行产品经理没有主动采取行动寻找资源，也没有做好同业竞争分析以应对挑战，不但在行动上比 H 银行慢，准备工作也没有 H 银行做得足，最后在竞争中处于劣势。因此，想要成功推广一种新产品，产品经理应该做好充分的准备工作，主动采取行动获取资源和信息，同时在细节方面也要考虑周到，才能获得好的效果。

只有愚者才等待机会，而智者则造就机会。

——培根（著名哲学家）

# 商业银行产品经理软实力
# 标准的应用

# 第十章 个人篇：榜样引领，提升绩效

**本章提要** 具备良好的软实力是提升产品经理绩效的基石。本章以提高产品经理的软实力水平为宗旨，基于"商业银行产品经理软实力模型"，精心选取了一些成功的产品经理成长案例，给读者一个更加真切的软实力自我提升体验，助力提升绩效，再创新辉煌。

## ［案例一］ 内外联动，聚焦产品创新取佳绩
——某商业银行产品经理成长经历

卢某在 A 银行已任职十余年，现任该银行某公司产品部主管兼金融市场部副主管。卢某自参加工作以来，工作风格踏实稳重，具有较高的政治理论水平和政治素养，保持了良好的个人品德和作风。卢某善于思考，肯于钻研，在本职工作中作出了突出业绩和贡献，特别在管理国际员工大型团队方面积累了丰富的经验，已逐渐成为该机构中层管理骨干。

卢某于几年前由总行金融市场部市场营销处副处长转任 A 银行金融市场部副主管，次年开始参与主持部门全面工作。在此期间，卢某紧抓风险控制主线不放松，带领金融市场部坚持以席卷全球性的"次贷危机"为鉴，采取一系列有力措施加强对市场风险、信用风险及操作风险管理，成效显著：一是认真规划本部运营资产结构，在调整、减持涉险地区和行业债券的同时，注意增加稳健资产配置比重，在动荡的外部环境下保持了整体业务的稳健；二是历时三年组织实施完成了资金业务平台上线工作，同时配套引进了一批专业化资金产品管理系统，与危机之前相比各项业务的管控水平有了显著的提高；三是规范业务操作，严控操作风险，加强流动性风险管理，合理安排

资金头寸，平稳地度过了那年危机高潮期以及随之而来的几次金融市场震荡余波。

在严控风险的同时，卢某还狠抓经营绩效，亲自牵头业务创新工作，组织专业团队重点突破了众多新业务，同时督促团队继续深入挖掘现有业务等内外联动业务品种潜力，不断夯实本部门业务可持续发展的基础。以跨境系列产品为例，卢某有机地结合人民币跨境结算业务与两岸资金市场的特点，适时推出了跨境贸易通系列产品，一经推广就受到了市场的热烈追捧。累计交易量达数十亿美元，在为公司创造大量的利息和非利息收入的同时，还成功地实践了境内外分行和客户的三方共赢模式。

几年后，卢某兼任公司产品部主管，负责管理由外派及国际员工近80人组成的复合型团队。跨部门、跨专业的管理工作进一步锻炼了卢某的管理技巧和领导能力，特别是积累了在国际化监管环境下对人员、财务及业务进行全面管理的实践经验。在企业管理层及部门同事的支持下，卢某在短期内针对产品创新业务策划并实施了多项重大改进：一是与相关部门协商厘定部门财务、非财务及人民币专项等考核指标，并分解落实至各团队及个人，厘清部门定位问题，统一全体员工认识；二是完成了公司产品部组织框架的改造，对应客户需求方向，将公司产品部重新划分为5个产品组以及1个中心，并完成了定岗定编定责等工作；三是以制度建设确保业务可持续发展，制订或完善了一系列业务管理制度；四是着重推动几项重点业务，亲自牵头或参与对重点客户的营销工作。针对离岸人民币资本市场快速发展的特点，卢某重点发展的离岸人民币债券（点心债）承销发行工作，取得了突出的成绩。该年企业为客户主承销发行点心债券52亿元，累计为客户募集资金190亿元人民币。为A银行集团新增人民币存款69亿元，其中22亿元回流至A银行境内机构，实现了"客户出境不出行，资金回流进A行"的良好效果。

卢某接受过系统扎实的专业训练，从业经历涉及现代商业银行几大核心业务，在管理工作中具有创新意识和开拓精神，乐于迎接新挑战，有在短时间内融入一个新的领域、打开新局面的经验。卢某以往的工作绩效，得到了企业管理层的认可，行政级别获晋升为正处级，连续三年年度考评全部为优秀。

# ［案例二］不辱使命，追求卓越

## ——某商业银行国际业务部总经理成长经历

姜某大学毕业后被分配到 A 银行工作，入行十多年来，他在 A 银行分行营业部国际业务部先后从事综合、会计、信贷、市场拓展等岗位工作，而后不断升迁，现任 A 银行分行营业部国际业务部总经理。自担任营业部国际业务部负责人以来，姜某不辱使命，锐意进取，真抓实干，奋勇争先，使营业部国际业务保持健康快速的发展，国际结算和外汇资金业务得到很大的提高。他本人多次被评为市行级先进工作者，1 次被评为营业部优秀共产党员，也被评为总行优秀青年岗位能手，所带领的团队多次被评为先进集体。

### 善于学习，努力提高自身素质

"人而无文，其行不远。"姜某无论是在普通员工岗位上还是走上领导岗位后，都能与时俱进，十分注重时事政治、金融政策、业务知识等方面的学习，开阔自己的视野，拓宽自己的学识，不断提高理论政策水平和领导驾驭能力。他身为机关党支部委员，尽管平时工作很忙，但每次党支部或小组安排学习，他都积极参加，从不缺席。每当发现上级行推出新的外汇业务产品，他总是先人一步，把产品弄懂弄透。为了更新知识结构，他自我加压，主动抬高追求目标，积极报名全国研究生入学考试，并且顺利被某大学经济管理学院录取。平时，他坚持一边工作，一边不间断地充分利用业余时间进行充电学习。通过对经济管理专业的学习，不仅学会了使用经济工具分析市场和环境的方法，而且也提高了对市场敏锐的洞察力和业务经营指导的自信力，牢牢掌握了外汇业务工作的主动权。

### 奋力拼搏，争创一流工作业绩

近年来，姜某所在的 N 地区金融机构林立，竞争异常激烈。面对这种金融环境，姜某迎难而上，勇挑重担，为营业部国际业务的飞跃发展倾注了大量心血。他认真领会和贯彻上级的决策部署，坚持又好又快发展不动摇，注重将组织推动和机制推动相结合，深入推行本外币一体化的经营方针，大力

实施重点区域、重点支行和重点客户发展战略，集中精力跑市场、抓信息、解难题，通过与地方政府构建密切的信息网络、深入基层调研帮扶等方式，对当地市场信息和同业竞争动态以及辖内支行外汇经营情况了如指掌。他每天工作12小时以上。有时为了争取落实项目，经常夜以继日地忘我工作，体力明显透支，家庭和孩子都很少顾及，但他从无怨言。如在办理某集团跨国业务过程中，他带领国际业务处同事和该集团的工作人员一起夜以继日地工作，共同探讨业务变化中的新方案，由于时差，还要等待中国和英国的不断谈判协商结果，有一个时期要等到英国下班才能回去休息，最晚要工作到凌晨四点，终于取得该集团和A银行的合作双赢，全额保证金4960万英镑信用证顺利开到伦敦子行，实现全额人民币购汇，办理了两期全额英镑短期结构型存款，中间收益突破200万元，企业也称赞A银行的效率和水平，并为伦敦子行赢得了一笔4960万英镑的信用证通知业务。天道酬勤，在他的带领下，全行外汇业务蓬勃开展。3年来，营业部每年外汇新开账户数超过200户，在N地区名列前茅，并先后成功营销了一批优质外资项目，取得了比较突出的成绩。

他善于结合本部门特点，把握业务主动方向，力推国际结算和资金新品。2006年，在总行贸易融资的长三角政策指引下，他注意把推广贸易融资新品当做带动其他国际业务发展的抓手，积极采取有效措施，推动贸易融资业务上台阶，当年率先在J地区实现外汇保理业务的突破，并突破了N地区最有竞争力的数家省级外贸企业集团，全年营业部表内国际贸易融资业务从2005年的14亿元增加到目前的34亿元，得到总省行的充分肯定。在外汇资金业务方面，姜某不断寻求新品种的突破，为某外企公司操作了5000万美元的外汇贷款利率掉期业务，为数家单位办理了人民币债务风险管理业务，新开办的外汇短期打包理财业务2006年达到近4亿美元，在全国领先。

在突破传统企业客户的同时，他积极从新的市场环境中寻找商机。自2005年起，在外资银行在N地区开始壮大业务的同时，他就着眼于和外资银行这一新兴领域客户进行联系，从代表处、不完全业务分支机构接触起，逐步将A银行的业务优势向客户宣传推介。目前，N地区的很多外资金融机构都和A银行建立了账户及清算关系，有效锁定了存款资源，从而使N地区所有的外资金融机构都成为了A银行的客户。

### 以人为本，精心打造高效团队

高素质的员工队伍是业务发展的基础和保证。姜某把带好国际业务部这支队伍当做义不容辞的责任。他坚持以人为本，注重企业文化建设，从根本上来强化员工素质，凝聚人心，打造了一支能征善战的高效团队。

平时，他针对年轻人的特点，通过座谈会、写读书心得、组织运动俱乐部、外出参观等多种形式，寓教于乐，加强与员工的沟通交流，正面引导和鼓励员工，宣传银行新蓝图，给大家信心和希望，不断营造积极向上的企业文化。他注重身教重于言传，自我要求严格，平易近人，勤政清廉，始终带头保持昂扬的工作热情，用自身的人格魅力凝聚员工。与此同时，十分关心员工的发展，乐于将很多新的经验和知识传授给员工，让大家一起进步和成长，积极为年轻人创造外出学习和培训的条件和机会，努力给他们搭建施展才华的发展平台，国际业务部上下心齐、气顺、风气正。

他根据职能部门特点，把"严格按章办事，二线为一线服务"不仅视为关系到业务风险的有效防范，团队战斗力的充分发挥，也将其看做是对员工最大的关心和爱护。因此，他十分注重机关作风建设，强调二线员工必须增强服务意识和能力，为一线提供优质高效服务，并从制度建设入手，向支行制定和公布了部门服务承诺。近年来，随着国际业务在支行的全面开展，每天业务量日益增大，二线后台人员一直紧缺，有三个科长期只有两个人在岗。特别是承担了省分行单证中心职能后，上收了五家分行的进口开证、进口开证到单、进口开证修改、进口代收业务的技术性审核工作，虽然借调了一批员工，但人力与工作的矛盾依然难以彻底缓解。为此，他要求大家以大局为重，积极想办法，优化劳动组合，强化内部协作，确保各类专业业务的顺利开展。几年来，国际业务部坚持以支行和客户为中心，想基层之所想，急基层之所急，努力克服家庭和个人困难，加班加点，发扬团队精神，出色地完成了各项工作任务，受到了基层普遍赞誉。

## [案例三] 推动产品创新
—— 某分行国际部负责人成长路径回顾

在 2012 年度的工作中，负责人 W 以"四大标杆"和"四大理念"为指

导思想，以打造国际业务第一银行为工作目标，积极开展工作。在领导的带领下，该分行国际部很好地完成了省行和分行下达的任务，实现国际结算四行占比继续保持第一、客户基础进一步夯实、中间业务收入保持较好增长等工作成绩。负责人 W 协助部门总经理分管财资组和进口组，较好地完成全辖代客资金业务的管理和推动工作，以及信用证相关开证及融资业务的相关管理工作。实现代客资金业务中间业务收入 29925 万元，在系统内排名第六的好成绩。

## 推动产品创新，以创新拓展业务空间

密切关注国家外汇政策及总行外汇利率政策的调整变化，充分利用境内外两个市场的差异，通过运用利率和汇率产品，不断设计整合外汇资金、国际结算和贸易融资产品，创新推出了多款系统内首创的组合产品。这些组合产品大大提升了该行市场竞争力和专业服务能力，创造了丰厚的中间业务收入，也带动了资产业务和负债业务的增长。

通过产品创新，该行开办的外汇交易产品不断丰富，客户群进一步扩大。除了传统的远期结售汇以外，2012 年通过产品创新还推动了人民币掉期、外汇掉期和外汇利率掉期等风险管理类产品的爆发式增长，此类产品的交易量达到同期的近 20 倍，办理的客户从 2011 年的 20 户增加到 127 户。

## 做好全辖代客资金业务的推动和管理工作

加强对 2012 年代客资金重点业务的推动。在对市场环境分析的基础上，以创收增效为核心目标，把握住客户对投资、交易、避险等新型金融服务需求日益旺盛的有利时机，加强外汇衍生交易业务的推动，各项外汇衍生交易创造的中间业务收入超过 2 亿元人民币，衍生交易客户达到 418 户，同比增加 151 户。

积极向总行争取对新业务的支持。协助总行制定滚动型法人结构性存款协议和业务流程，成为"七天滚动型法人结构性存款"试点开办行；全面参与总行法人结构性存款管理系统开发工作，成为首家法人结构性存款管理系统试点投产；获得总行试点开办对公网银业务；成为该行首家办理个人账户原油业务的试点行。

加强对支行的业务指导和营销支持。结合市场变化和产品特点，先后下发22期代客资金营销指引，帮助支行抓营销时机，给支行技术支持。有效监控千万美元以上交易量的重点客户的业务变化情况，协助支行进行营销与维护，并直接为35家竞争性大客户提供市场资讯服务，开通绿色通道服务，提高业务处理效率和报价竞争力。

做好业务培训工作。面向支行主管行长、经理和业务骨干的分层次对公资金业务培训共6次，面向部室的产品培训1次，对支行个性化培训6次，对个人外汇业务培训3次。

做好跨部门业务的联动工作。协调电子银行与结算部、个人金融业务部等部门做好个人账户钯金定投和个人外汇双向交易等新业务的开展工作。

## 丰富与境内同业机构的业务合作

2012年进一步丰富了与境内同业机构的业务合作，合作品种从代理开立国际信用证延伸到代开保函、代付、结售汇以及衍生交易业务合作。为多家金融机构办理代理开证业务8.3亿美元；与多家银行开展同业保函项下融资及远期售汇和外汇利率掉期业务合作共1.6亿美元；为多家基金公司以及总行资产管理部办理理财资金托管项下的结售汇业务4.5亿美元。

## 加强业务风险的管理

规范国际业务辅助审查岗的工作，制定并完善国际信用证和国际贸易融资各业务品种辅助审查的要点和审查模板，提高对业务风险的把控要求。根据总行业务管理要求，修改制定了分行的管理方法、操作细则等手册。组织对支行进行国际结算业务专项检查和代客资金交易业务专项检查，规范支行日常业务审查和后续管理。组织支行开展法人结构性存款业务和金融市场业务自查。

# ［案例四］ 点燃火红青春，奏响时代强音
## ——某商业银行业务部总经理成长路径回顾

1996年，21岁的C踏入A银行的大门，成为A银行广东省分行营业部的

员工。从那时起，闪烁的行徽引起她无限的思索，努力争取做一名优秀的金融从业者的理想，就在她心里扬帆起航。

C1997年起担任外汇交易员，负责全省外汇资金交易和外汇风险管理工作。C一方面深入分析资金来源和运用的币种结构、期限结构、成本收益结构，做到了然于胸，另一方面紧密关注国际金融市场动态，与境内外同业交流市场和产品信息，培养敏锐的触觉。东南亚金融危机，给刚担任交易员不满一年的她提出了第一个重大挑战：市场混乱、资金恐慌外流造成同业头寸短缺、同业隔夜拆借利率一度高达300%。作为当时唯一的外汇交易员，她沉着应战，细致监控资金流动，在请示领导同意并获得总行授权后，制订资金营运方案和外汇敞口风险管理方案，合理安排资金分布，灵活运用远期、掉期、期权等多种金融工具对冲外汇敞口风险。在资金科全体同事的努力下，东南亚金融危机期间，各项支付顺利进行，资金营运收益率和风险管理收益率创下了历史最高纪录。2001年9月11日，美国遭受恐怖袭击，C恰好是当天值班科长。当晚国际汇市主要货币的波幅超过3%，个人外汇买卖交易额剧增5倍，广州其他同业或暂停个人外汇买卖交易业务，或大幅扩大买卖差价，她通宵坚守岗位，顶住巨大的压力，使A银行个人外汇买卖系统得以坚持开通，并维持优惠价格不变，取得了良好的社会效益和经济效益，全面经受住了"9·11"事件对A银行外汇资金业务的考验。

随着外汇资金业务的发展和交易的日益频繁，C深感尽快建立一套外汇资金营运和外汇买卖损益监控系统的重要性。她利用业余时间，硬是从一个计算机的门外汉到编写了一套外汇资金交易管理程序，统计和分析外汇资金存放的利率结构和期限分布、外汇交易的敞口和盈亏变动，为控制外汇风险、制订交易决策提供了第一手的资料。

2000年底，C被总行派往香港分行资金部培训。在那里，除了外汇买卖、债券交易等传统业务外，她还深入了解各种金融工具，分析产品的结构原理和风险部位。根据国内客户的需求特点，她设计了结构性存款、远期人民币汇率风险管理产品、零成本货币期权、债务管理组合等一系列资金产品，撰写客户方案、幻灯讲义等文字资料共20余篇；先后应广东省分行营业部和深圳分行的邀请，为两行的重点客户举办理财产品研讨会，并上门向大亚湾核电财务有限公司进行代理债券和结构性存款业务的营销，成功争取该公司港

元资金的结构性存款业务。

2001年6月培训结束后，她回到广东省分行营业部，在本地同业中率先推广结构性存款和结构性外汇买卖业务，先后走访了多家大型客户，并作为"海峡两岸金融服务推介会"的主讲人之一，在省内进行台商外汇理财业务路演。业务推广的首季度，即完成结构性存款业务1221万美元、结构性外汇买卖业务22亿日元，C设计的资金产品被客户誉为A银行的"拳头产品"。C通过积极的业务创新，以多元化的产品、高效深入的服务树立了A银行专业的外汇业务指定银行形象，更为A银行吸引优质客户、提高综合收益开拓了新的思路。除了对公外汇理财产品的设计和推广外，她还利用休息时间为支行理财室客户举办个人外汇买卖知识讲座，并牵头向营业部提交了多项个人外汇理财方案。

2001年9月末，C调往公司业务部任处长助理、副总经理。在营销中，为了更好地服务于大客户，服务于支行的营销，她结合工作实际，总结出"勤跑、勤学、勤干"三勤要诀。一是勤跑客户，第一时间了解客户的需要和市场的变化。二是勤学业务，掌握满足客户需求的工具。作为公司业务人员，不仅要懂信贷业务，还要掌握电子银行、现金管理、国际结算、理财等产品，同时要了解信用卡、个人理财等个人业务。但银行的产品日新月异，她要求自己尽可能地把握机会多看、多问、多想、多做，及时学习总行的业务制度和产品说明，琢磨新业务的设计原理、与原有产品的区别、业务特点和优势、风险点，主动和同事一起学习讨论，不仅知其然还要知其所以然。三是勤奋刻苦，真抓实干，提高客户服务的效率。公司业务部直接服务的大客户、重点项目的需求往往不仅新而且急。有一次某特优客户要求为其开立境外收益杠杆租赁保函，这种类型的保函在A银行系统内甚至在业内都属首次，技术条件复杂、法律条款多，而且是政府采购行为，业务时间非常紧，C和同事们配合总行各部门在业务审查上严格把关，与保函申请人及其律师、财务人员进行多次磋商确定保函文本。但是，在原定保函开立日下午，保函申请人紧急提出在保函中增加税务条款，并要求在美国时间当天开出保函。保函的修改要求，无疑增加了A银行的担保责任。在总行相关部门和部领导的指导下，C从下午4点开始紧张地与北京、香港、西雅图各方沟通谈判，终于在凌晨3点多达成了一致意见，开出了国内第一笔境外收益杠杆租赁保函，以

高度的工作热情和责任感维护了 A 银行的权益，赢得了客户的赞赏。

　　在经办业务的过程中，C 深刻体会到，业务创新既是客户需求层次不断提高后对银行服务提出的要求，也是银行满足更高的金融监管和资本回报标准、实现自我发展的需要。她主动研究市场需要和客户链条，钻研新产品和新的客户服务方式，带领客户经理积极开展业务创新，先后成功办理了全行第一笔欧元固定利率自营长期贷款、全行首笔境外收益杠杆租赁保函，在全行系统内首家使用异地一二级集团账户管理产品，牵头组织的经销商专项融资业务获 A 银行广东省分行营业部 2006 年度业务创新一等奖、总行 2008 年贸易融资营销案例一等奖，代付转换业务获 A 银行广东省分行营业部 2006 年度业务创新三等奖。这些创新的尝试，通过业务品种选择和产品设计延伸 A 银行的服务范围和内涵、创新产品适用领域，发现了新的市场和业务增长点，提高了客户满意度。

# 第十一章 产品篇：产品经理
# 设计的银行新产品博览

**本章提要** 一流的产品经理设计创造出一流的产品。基于产品经理软实力模型，在产品经理个人以及团队的共同努力下，商业银行不断推陈出新，创造出越来越多适应市场需要的产品，更好地服务个人和对公客户，推动经济发展。本章撷取部分富有创新价值的银行新产品，供产品经理启迪思维。期冀商业银行产品经理基于产品经理软实力模型更好地提升技能，创造出更多更具价值的产品①。

## ［产品一］ ZS 银行联手企业 QQ 布局互联网在线客服大棋局

近日，有网友发现通过 QQ 查找"ZS 银行"，简单地绑定之后就能用 QQ 办理 ZS 银行信用卡业务，无论登录电脑还是手机都能化繁为简，只需通过简单的 QQ 聊天就能办理以前烦琐的电话服务了。这是 ZS 银行信用卡业务的一次转型，也是银行业在开拓银行服务渠道上的一次重要转变，为符合年轻客户的使用习惯做出的尝试和改变。现在只要打开 QQ 查找，进入找企业面板中，搜索 ZS 银行就可以加 ZS 银行信用卡为好友，直接在线咨询办理 ZS 银行信用卡业务。仅上线一周 ZS 银行信用卡的 QQ 好友就超过 50 万，ZS 银行信用卡中心负责人赞叹网友线上咨询已成习惯。

据悉，为了更好地服务于客户，ZS 银行升级了面向客户的核心 IT 系统，该行信用卡业务与腾讯企业 QQ 合作，针对互联网用户开通了通过 QQ 就能进

---

① 本篇相关产品主要来自中国金融网（http：//www.financeun.com/）和新浪财经网（http：//finance.sina.com.cn/），经过整理，目的是启发思维，不特别指代任何银行。

行 ZS 银行信用卡业务的咨询服务。包括账单查询、信用卡申请、开卡、进度额度查询、商旅预订、优惠商户活动查询等。不仅降低了银行柜台业务办理的压力，同时为 ZS 银行现有服务提供了新的渠道，让客户对 ZS 银行服务更加满意。

该产品的创新点在于：一是 ZS 银行力促银行客户服务在探索中转型。伴随着用户消费行为日益呈现出网络化、数据化、个性化、碎片化、定制化等趋势与特征，传统银行以单向推广促销、简单功能诉求、单一渠道传播等营销模式已日益难以为继，一系列的因素迫使银行亟须创新探索出一套新的、适应大数据时代特征的营销体系。据统计，全国网银用户只有 4 亿多人，而 QQ 用户已经达到 7.8 亿人，因此，ZS 银行便看中了企业 QQ 背后的客户平台，用户资源迅速渗透与其相吻合的通信习惯，建立更精准的营销体系。从长远看，ZS 银行信息化建设的根本在于电子化服务体系势必降低银行运营成本，尤其是电话客服的人工成本，有利于进一步精耕细作。金融机构需要调整传统的服务提供方式，需要构建面向未来的全新客户服务模式，以获得参与未来市场竞争的地位和资格。

二是 ZS 银行布局互联网在线客服大棋局。据悉，该行互联网在线客服的背后是一盘大棋局。有人力资源专家预测，今后在线客服将会以一敌百，信息化带来的客服成本下降算是企业得到的最直接的益处。此外，还有包括留住并挖掘潜在用户、进行活动促销等二次营销的举措，从长远看，大型客服和销售平台的互联网即时通信化将成为趋势，特别是在中国通胀和人力成本上涨愈加剧烈的情况下，互联网在线客服势必将得到青睐。ZS 银行的此举措顺应时代发展趋势，在创新中谋求发展，值得各银行借鉴。

## ［产品二］　HK 银行推出无抵押无担保无利息汽车分期购业务

日前，HK 银行推出的汽车分期业务专项付款卡九通信用卡，引得酷爱汽车的消费者的青睐。其贷款额度范围为 1 万 ~ 40 万元，分为首付 30% 起的普通分期和零首付的黄金分期两种方式，均为无抵押无担保无利息。

九通信用卡针对 25 ~ 55 周岁，具有完全民事行为能力，且是 CQ 市常住户口的市民进行办理。申请普通汽车分期的申请人只需支付 30% 购车首付款，

剩余 70% 尾款部分以信用方式向银行申请汽车分期业务。

九通信用卡最具吸引力的地方在于其目前独有的黄金分期业务。凡是申请黄金汽车分期的申请人无须支付购车首付款，以信用方式向银行申请购车全款。购车款的 50% 根据分期期数进行分摊还款，剩余 50% 于最后一期还入。申请人还可以根据自身情况，选择一次性交付手续费或等额分摊手续费。

黄金分期的购车方式，在最大限度地降低分期购车手续费和月还款金额的同时，购车所需的现金仍在申请人手中，可以用于其他的理财投资，实际上很大程度降低了购车的费用。

# [产品三] "长城商贸通卡"
## ——ZG 银行为商圈客户量身定制专属产品

作为企业老板，童某经常烦恼——转账汇款需要手续费、月末年终缺钱发工资、结账收现遇假币等状况层出不穷。

不过，自从成了 ZG 银行的 VIP 客户，童某再也没有为这些事发过愁。原来，他不仅办了 ZG 银行的商贸通卡，还成了 ZG 银行"商圈宝"俱乐部的会员，同时还能顺利地在 ZG 银行贷到款。

### "商贸通卡真是我贴身的财务好管家"

童某在某市干鲜果市场经营着一家副食品批发公司，由于抓得住商机，生意一直很红火。不过，有一件事让童某一直耿耿于怀：每天忙得脚不点地，汇款往来更是频繁，每月汇款几百笔的账，一年下来的手续费支出是一个巨大的数目，这让他心痛不已。

有一天，ZG 银行的客户经理小陈上门向童某推荐了 ZG 银行的"长城商贸通卡"。只要申办商贸通卡，成为 ZG 银行"商圈宝"俱乐部会员，就可享受 ZG 银行为商户专门设计推出的各种贴心实惠的会员服务。

"ZG 银行商贸通卡，不仅能帮我省时省钱，还能帮我赚钱，一个月下来，还真省下了我一个店伙计的工资和人工呢！简直就是为我量身定做的"、"这真是我贴身的财务好管家！"高兴之余，童某爽快地办理了这张卡片。他说，现在已经不再为转账手续费发愁了。

## 把"银行"搬进店里  不怕收假钱

其实，让童某赞不绝口的还不仅仅只有商贸通卡的这些基本功能，该卡的"商户通"更是让他觉得是为自己量身定做的。

在开办"长城商贸通卡"时，细心的 ZG 银行工作人员还为童某开通了"长城商户通"。"长城商户通"就是固话 POS，把"银行"开到店里来。解决了大额现金不便携带、数钱数到手抽筋、真假钞难以分辨、结算易出差错等问题。"就用了几天，我就觉得像是捡到了宝，客户来提货就让他们先刷卡。"童某说，只要他们在店内的"长城商户通"上一刷卡，销售款就直接进入了我的 ZG 银行账户上。同时，为外地供货商付款时，也只要轻轻一刷卡，几秒钟就搞定转账。

## ZG 银行"商圈宝"俱乐部会员享专属服务

除此之外，童某还成为了 ZG 银行的 VIP 客户，加入了 ZG 银行"商圈宝"俱乐部，不仅结识了一些新的商业合作伙伴，还享受了一系列专属产品及服务。

俱乐部针对商圈宝客户贷款建立专人跟进优先审批绿色通道，优先确保贷款投放规模。如达到一定结算量，还可享受贷款利率下浮优惠，最高可达5%；为有一定短期结余资金的客户，提供预期年收益 2.3% 的日积月累理财产品，确保经营资金高流动性的同时，还获得比活期储蓄更高的收益；为商贸通卡开通代发薪、代缴费、支付、存取款、转账汇款、附属卡管理等业务，享有 ZG 银行理财贵宾卡的专属服务和优惠及尊享礼遇等。

"我的资金用于购买理财产品，比存款划算多了！"童某说。

## 商融通产品、ZG 银行信贷工厂业务

目前，ZG 银行针对商圈的产品，除了商贸通之外，还推出了商融通产品、ZG 银行信贷工厂等业务，为中小企业解决资金难题。

"商融通"产品是借助信用卡业务的授信和支付功能，通过银行卡的收单结算业务实现的。如果一个企业希望下游经销商进更多的货物扩大销售所得，而下游经销商却没有相应的资金扩大经营规模，那么，ZG 银行将对企业下游

业主进行授信评估和分析，对企业进行担保授信，最后由企业来承担货物的回购和款项的回笼。这种模式不仅降低企业的应收账款、加快资金的周转效率，还可为下游经销商累计金融信用，提升经销商的采购能力。

另外，如果账务正常、企业发展有序，还可以通过"ZG 银行信贷工厂"快速获得贷款。"ZG 银行信贷工厂"是集产品开发、市场推广、信贷审批、贷后管理等专业化职能于一身的、专门服务中小企业的业务，其具有如下特点：审批快、专业化程度高；担保方式灵活，企业可采用抵押、质押、第三方担保、法人房产抵押等多种担保形式；金融服务全面，可为中小企业客户提供包括国际结算、国内结算、资金、电子银行、理财、财务顾问等在内的全面综合金融服务，满足中小企业发展成长过程中的每一个金融需求。

# ［产品四］"易快发"
## —— GD 银行成功实现产业链上下游融通

在监管部门鼓励金融机构支持小微企业融资的政策导向下，GD 银行创新型融资产品"易快发"，将信用卡成功变身为小微企业融资渠道，用方便、快捷的信贷新模式有效助力小微企业发展。与此同时，这一为小企业带来方便的产品也实现了"零风险"。

"易快发"以银行授信或充分了解的产业链下游企业为核心，由核心企业为下游企业担保，银行为被担保企业发放采购卡，用于产业链下游企业定向交易，全面满足小微企业"小、频、快"的融资需求。

"易快发"主要有三个特点：第一，便捷的一条龙金融服务。"易快发"创新使用了由供应链的上游企业挑选相对优质的下游企业，采取担保、缴纳保证金的形式，由银行解决下游融资、上游资金回笼等问题，在这一过程中，小企业主仅需提供身份证和申请表，即可办理业务，手续极其便捷。审批通过后，由银行直接向上游企业定向支付货款，下游企业也可以选择 1～24 期等期限分期向银行偿还贷款。

第二，当天审批，当天放款，隔日到账。GD 银行运用先进的风险管理理念管理实质风险的同时，大幅提升信贷审批效率，通常是当天审批，当天放款，隔日到账，充分满足了小微企业对金融解决方案"快"的需求。

第三，为客户创造更多价值。上游企业可以及时收回所有账款，做到"零账期"回款；下游贷款企业缓解了资金压力，可以更好地运营。

点评：由产业链上游企业为较优质的下游企业担保、融资的模式，开创了小微企业贷款的新模式。该模式能更大程度地发挥以点带面、以点促链的联动营销效益，将向单一企业贷款转变为向集群企业贷款。在风险可控的前提下，既能扶持小微企业做大做强，又有利于 GD 银行资产业务的持续、稳定增长。

# ［产品五］ ZG 银行 DG 分行创新中小企业产品

为进一步加大对中小企业的支持力度，在坚持 ZG 银行信贷工厂、实现批量化营销和批量化管理服务的同时，ZG 银行根据市场上不同客户群体的具体特点和需求，投产了"税款通宝"、"市场通宝"等几项框架产品，通过组合使用抵质押、保证、保险、存货、机器设备、应收账款等担保方式，配置不同期限的贷款、贸易融资和票据信用证等授信产品，设计出不同的个性化半标准化产品，进行批量的客户营销和批量的客户授信风险管理，为中小企业的发展壮大提供了更实在、更有效的支持。

税款通宝：为纳税正常、信用记录良好或在该行有稳定结算记录的优质客户提供的授信。

产品特点：企业连续两年按时、足额纳税（国税、地税），且销售额最近年度较上年度下降不超过 15%，即可使用该产品。国、地税企业提供抵质押担保，授信金额最高可达到押品评估值的 90%。围绕房地产押品引入辅助担保，通过组合担保方式，授信金额最高可达到押品评估值的 150%。

产品优势：为纳税企业另辟融资渠道。通过组合担保方式，增加银行贷款额度；担保方式多样灵活，可组合搭配抵押、担保等形式，给予客户更多的空间，选择适合的担保方式。

供应链通宝：为核心企业的中小配套供应商（借款人）提供基于企业正常经营性资金需求测算为依据的短期授信产品，用途仅限于弥补流动资金的不足。

产品特点："核心企业"是指各地级市、广州城区当地支柱产业的龙头企

业（集团），销售 10 亿元以上，所有者权益 1 亿元以上，最近两年连续实现盈利。以核心企业在该行开立的商业承兑汇票作质押或以经核心企业确认的应收账款作质押。

产品优势：加快资金周转，供应商提前得到融资款项，从而加快资金周转速度。接受核心企业在该行开立汇票或经核心企业确认的应收账款作质押，拓宽融资渠道。

## ［产品六］JT 银行推出"幸福 4 + 1""薪"理财配置计划

近日，JT 银行为给代发工资业务板块指定客户提供家庭基础理财，让客户实现"稳健理财 + 财富增值"的理财目标，推出"薪"理财配置计划"幸福 4 + 1"活动。

JT 银行"幸福 4 + 1"活动包括四项家庭基础理财方式，一是"稳添利"——灵活抗通胀，让客户资产稳稳添利；二是"保险配置"——使客户生活安心无忧，未雨绸缪，筹划留学，退休养老；三是"黄金定投"——300元起，强制储蓄，自动扣款，省时省力，让客户的资产不断增值；四是"基金定投"——让客户享受经济持续增长的收益。

同时，该行还结合稳健型投资者及保守型投资者的特点特别提供两款产品组合，即"交银成长"和"易方达增强回报"组成的稳健型投资组合；以及"交银主题优选"和"交银货币 A"组成的保守型投资组合。

此外，该行还特别推出了优惠活动，即成功办理以上任何一项理财业务，并持有或同时办理 JT 银行信用卡，即可获得 5 元以上话费充值，截至 6 月底，每位客户最高可获赠 60 元话费，更有机会获得"价值 1000 元的省内两日游"旅游套餐一份。

## ［产品七］JS 银行巧妙安排 让春节闲钱"日新月溢"

随着春节假期的临近，市场资金活跃，闲置资金较为充分，JS 银行 SH 分行相关理财专家建议客户可以选择一类既能享有活期存款的便利，同时又可以享受"定期存款收益"的理财产品，即"日新月溢"开放式理财产品。该

产品是一款开放式资产组合型人民币理财产品，将募集到的资金投资于股权类资产、债券类资产、债券和货币市场工具类资产以及其他符合监管要求的资产类组合。通过资产组合管理实现安全性、流动性和收益性的平衡。

具体来说，该类产品有以下三大特征：

特征一，产品申购、赎回"超级"灵活。周一到周五的上午 9 点至下午 3 点 30 分均可操作，赎回"瞬间"到账，客户不用担心资金会被"套牢"。

特征二，持有产品时间越长收益越高。JS 银行在设计该类产品时，一般都会按客户持有产品时间计算收益，期限越长收益越高。以 JS 银行"日新月溢"为例，该产品有按日型和按月型两种不同设计，根据投资期限的长短，预期年化收益率阶梯递增：2.25%/起，最高 4.53%/年，收益率非常接近市场上一年期的理财产品，但流动性却要强很多。

特征三，购买门槛相对较低。JS 银行"日新月溢"产品首次购买起点金额为 10 万元，并以 1 万元的整数倍递增，适合大部分有闲置资金的市民。

JS 银行"日新月溢"理财产品的独到之处在于，在同一款产品中，设计了两类收益计算模式，既可以方便客户根据自身需求灵活地进行理财安排，也可以使该行简化产品设计和发行流程，避免了同类产品因收益时长的不同而重复发行。如果该产品可以赋予客户灵活转换收益计算模式，则客户的便利性将得到进一步提升。

## ［产品八］SH 银行"车牌贷"业务成功投放

SH 银行近日成功完成一笔 6 万元的"车牌贷"业务投放，这也是自 11 月在 SH 地区试点个人"车牌贷"业务以来，SH 银行成功投放的第一笔车牌贷业务。

"车牌贷"是指 SH 银行以信用方式，向符合条件的借款人发放的，用于其购买家庭自用 SH 市私人客车车牌的个人信用贷款。为满足个人客户购置家庭自用车辆配套消费融资需求，SH 银行自 11 月起在 SH 地区试点开办了个人"车牌贷"业务，首批试点单位包括 HP 支行、LW 支行和 JD 支行。

通过市场调查、客户聆听等方式，SH 银行对业务操作流程进行优化。目前，办理"车牌贷"业务的客户购买投标拍卖卡后即可向 SH 银行申请贷款，

车牌竞拍中标后即可通过传真资料申请提款购牌，方便快捷。

伴随着家庭收入增长，居民消费升级转型，消费金融市场潜力巨大。"车牌贷"业务试点推出后，市场反响良好，SH银行将针对客户需求，加大消费贷款产品创新和现有产品组合营销，加快推进个贷业务结构调整，提升业务综合收益。

## ［产品九］GD 银行推出视频柜员机

客户只要拿起 GD 银行智能 ATM 设备上的话筒，ATM 设备就会自动接通视频柜员服务，客户可以通过视频和银行员工面对面交流，办理各项金融业务。"视频柜员是我行以客户为中心，坚持渠道协同理念而推出的创新金融服务。"GD 银行电子银行部相关负责人表示。"以前客户打电话给银行办理业务时，只闻其声不见其人，现在通过视频服务，客户可以办理的业务更多了，和银行沟通也更顺畅了。"

GD 银行智能 ATM 设备使用起来也非常方便。客户在使用自助设备时，如果想要咨询相关业务，只要拿起智能 ATM 上的话筒，ATM 设备上的数据就会同步到视频柜员的电脑页面，银行工作人员将通过 ATM 上的屏幕与客户进行远程音频视频连接，为客户提供"面对面"的细致服务。

除了面对面的沟通服务外，GD 银行智能 ATM 设备上已经能够快速开通网上银行和手机银行，不久的将来，客户若要办理 GD 银行卡，直接拿二代身份证在智能 ATM 机扫描接口进行扫描，待视频客服核实相关信息后就可以自动出卡。

据 GD 银行电子银行部相关负责人介绍，目前，智能 ATM 设备已在部分网点正式投入使用。不久，GD 银行各分行旗舰店、GD 银行社区便民金融服务中心等地点也将陆续推出，形成遍地开花之势，以便让更多客户享受到视频柜员的便捷服务。此次推出的视频柜员服务，也将为客户带来全新体验。

## ［产品十］ZX 银行创新水产企业抵押贷款模式

目前国内许多小企业面临着后续资金不足、无法发展壮大、成长陷入困

境的烦恼，及时拓宽渠道融资，补充经营所需资金，是企业成长过程中的迫切需求。

众所周知，水产养殖企业前期投入巨大，但利润回报往往却需要两到三年时间，造成企业流动资金紧张。为解决该类小微企业的融资难题，ZX 银行出谋划策，积极联系长期合作的担保公司，共同研究出一种围绕水产养殖企业的核心资产——以海域使用权作抵押的创新金融服务。在担保公司协助完成海域抵押登记手续后，ZX 银行不仅为贷款企业提供了有力的信贷支持，更对企业今后的财务筹划、风险管理、降低成本等方面提出了专业化的建议。

围绕水产养殖企业贷款抵押标的的选择问题，与先前采集的 GS 省 JT 农信社案例不同，ZX 银行以海域使用权为抵押标的，为化解该类企业贷款"抵押难"创新思路。但在估值的过程中，不能单纯依靠该片海域的租赁费用，须根据水产养殖专业特点，充分考虑包括沙质、水质、水产质量等在内的养殖条件，作出专业判断和评估。

# ［产品十一］ ZS 银行推"店铺贷"助力小微企业贷款

为破解小微企业贷款成本高、转账汇款麻烦、手续烦琐等难题，ZS 银行 FS 分行近日正式面向 FS 地区广大小微企业主、个体工商户推出全新生意贷产品——"店铺贷"。推出首月已成功向小微企业输送 4 亿元的贷款资金。

据介绍，ZS 银行"店铺贷"业务最大的特色是"借还两易"。小企业经营者在获得授信额度后，可实现借款、还款的一卡办理，并利用贷款的"循环使用"和"周转易"功能，实现贷款提用和受托支付一体化。借款时，在向交易对手支付贷款的同时就完成了贷款提用的流程，贷款不用跑银行，随时都能网上贷。而要还款时，则可根据经营资金周转的需要自主灵活确定还款期限，随时都能网上还。贷款借一天，利息算一天，不使用不收利息。

事实上，小微企业在融资过程中容易陷入困境，很大程度上是其资金链环节在周转运作过程中的不顺畅。而 ZS 银行 FS 分行推出的"店铺贷"业务因按日计息且借还便利，凸显出"额度大"、"速度快"、"随借随还"、"用款方便"、"融资成本低"五大优势，可谓大大提高了小微企业业务办理效率，既保证了企业经营资金的充裕流动性，又最大限度地节约了利息支出。

ZS 银行"店铺贷"整合了网上贷款、信用卡贷款、循环贷款等多种贷款产品特色，很好地满足了小微企业主"短、小、快、简、频"的特点，大大缩短了贷款周期，为客户节省了大量时间成本和融资成本，其"随借随还，不用不计息"的特点也从模式设计上降低了信用风险的发生。首月即贷出 4 亿元的佳绩，已经说明 ZS 银行"店铺贷"产品的市场潜力。

# [产品十二] ZS 银行"展翼通"系列产品

ZS 银行"展翼通"特色系列产品包括"上市贷"、"投联贷"、"增值贷"、"补贴贷"、"转化贷"和行业系列中的"文创贷"。

"上市贷"是 ZS 银行向拟上市企业提供的，根据企业上市的不同进程，结合企业经营实力和发展前景核定的，以企业自有资金为主要还款来源的流动资金贷款。"上市贷"对成长性好、盈利能力强、掌握核心技术、符合国家产业政策扶持方向的拟上市企业，灵活运用信用、账款质押、知识产权质押等多种方式，为企业提供信贷支持。其中，对上市后备企业、报会企业可提供最高不超过 2000 万元的信用贷款，证监会核准发行企业更可获得最高不超过计划募集资金金额 50% 的信用贷款支持。

"投联贷"是 ZS 银行在综合考虑 PE 机构实力和企业发展前景的基础上，向 PE 机构已投或拟投企业提供的短期融资业务，包含多达 3 种模式 7 类具体保证方式供企业选择，并将借鉴 PE 机构的风险评价作为贷款审核的重要依据。

"增值贷"是 ZS 银行提供融资解决企业成长所需资金并实现企业股权增值，银行合作股权投资机构获得优先入股权利的创新业务模式。"增值贷"跨界运用 PE 机构的股权估值模型，为银行信贷风险审核提供参考。

ZS 银行"展翼通"系列信贷产品具有较强的目标针对性和模式新颖性，值得各行加以借鉴。

上述三个子品牌普遍具有目标客户成长性良好、还贷方式灵活多样、授信额度较大等特点。其中，"投联贷"与"增值贷"瞄准了日益兴起的 PE 投资，尤其值得注意。如果该系列产品能得到市场认可，将较好地缓解成长型企业的"资金饥渴症"，对我国广大成长型企业来说，是一个迟到的"福音"。

## ［产品十三］PF 银行发布跨境供应链金融特色服务方案

近日，PF 银行正式发布"跨境联动贸易金融服务方案"和"跨境人民币金融服务方案"，通过对境内外、离在岸联动业务的全面整合以及跨境人民币业务的持续创新，为外向型实体经济的改革与发展提供专业化的金融服务。

随着中国企业直接参与全球供应链竞争的程度日益加深，商业银行必须突破传统的境内金融服务框架，将国际金融服务延伸至海外，利用境外金融支撑平台，为企业提供全球化的跨境供应链金融支持服务。据悉，通过多年来在国际贸易金融领域和离岸银行领域的积累和沉淀，PF 银行已经形成了本外币、离在岸一体化的经营特色和理念以及涵盖在岸分行、离岸银行和海外分行三大板块的营销经营网络格局。本次 PF 银行新发布的两套方案是该行去年发布的"供应链金融解决方案"中"跨境供应链金融"的细化，共包括"外向型企业联动服务方案"、"走出去企业境外平台联动服务方案"、"非居民企业联动服务方案"以及"跨境人民币九大金融服务方案"，将金融服务与供应链各环节紧密结合，是 PF 银行服务外向型实体经济内涵的进一步整合延伸，将为全面提高开放型经济水平提供更专业化的金融支持。

PF 银行公司及投资银行总部副总经理杨某认为，商业银行对于开放型经济水平全面提高的支持手段主要包括全面贸易金融服务、特色供应链金融服务以及专业投行金融服务。全面贸易金融服务可保障实体企业对外经贸活动的正常运作，并提供包括网上银行、汇率管理等相关增值服务；特色供应链金融服务可将金融服务与企业所在的供应链各环节紧密结合，为企业提供完整的一站式高效金融服务；专业投行金融服务可为企业的海外上市、并购等活动提供专业服务支持，在拓宽企业融资渠道的同时进一步提升开放型经济水平。

## ［产品十四］"安心快线"、"进取增利"、"开阳系列"

### ——NY 银行大力推进理财产品设计和销售模式创新

创新，已成为银行理财产品市场竞争中的最强武器。凭借强大的客户优势，NY 银行大力推进理财产品设计和销售模式的创新，不断强化客户理财产品服务。近年来，该行个人理财产品种类不断丰富，尤其是"安心快线"、"进取增利"、"开阳系列"三条产品线各领风骚，不断为投资者带来新惊喜。

## "安心快线"——市场规模最大的开放式产品

NY 银行的理财产品系列中，有一款名为"安心快线"的明星产品。凭借100% 实现产品预期收益率的硬实力，该系列产品已成为市场上规模及影响力最大的开放式产品之一。截至产品推出当年末，产品余额已超过 2000 亿元。除了收益率有保障之外，流动性极佳也是该款产品受到追捧的重要原因。该款产品为"T + 0"结算，资金实时到账，被投资者冠以"流动资金管理利器"之名，特别适合有短期闲置资金的客户和广大股民。投资者对该系列的产品评价很高，称其能够"盘活并有效利用客户闲置资金"，尤其是还具有可定制性，可为客户量身定做，满足个性需求。目前"安心快线"系列产品包括复利计息的利滚利开放式产品和收益递增型的步步高开放式产品，产品申赎的灵活性和收益结构合理性，在银行理财市场同类产品中处于领先。"安心快线"产品是 NY 银行首个开放式非保本理财产品。NY 银行在开放式理财产品的设计上尤其注重贴合客户需求。为更好地维护高端客户，NY 银行还推出收益分层类产品。此外，为丰富产品线，提升产品客户认知度，还推出了半开放式理财产品。

## "进取增利"——开创性引入市值评估、净值结算模式

为了更好地契合国内金融脱媒和利率市场化的大趋势，满足客户个性化的理财需求，NY 银行将"创新"视为"进取增利"系列产品的立足之本。通过深入的研究分析，NY 银行开创性地在银行理财产品中引入了市值评估、净值结算模式，使其能够动态反映产品运作损益和风险程度。同时，引入杠杆运作机制，通过博取债券市场和货币市场的利差，增强产品收益。"进取增利"系列债券型理财产品与传统银行理财产品相比，主要面向高净值客户，产品主要投资于市场可交易的各类债券、货币市场工具，及相关衍生品。在精准的配置策略指导下，通过灵活的波段操作，博取信用利差、期限利差波动及跨市场套利等机会，同时引入相应的风险对冲机制，产品获得了良好收

益。据统计，该系列的"1号"产品发布当年累计运作收益率达6.68%。随着产品的持续稳健运作，客户群体不断扩大，产品余额较历史同期扩大近6倍。值得一提的是，近期该系列产品中的"2号"也已经发行。该款产品创设了收益滚存机制，超额增值收益自动留存待后续分配，令净值走势更平稳。据NY银行相关人士透露，该系列产品未来将继续结合金融市场最新发展，不断推出创新型产品，持续提升产品品牌价值，凸显"进取"，通过创新为客户获取超额收益，稳健"增利"。

### "开阳系列"——设置预警止损机制保证高收益

此前NY银行的理财产品多以稳健为主，而高收益类产品一直是空白。经过多年的潜心研究，NY银行终于在近年推出了"开阳"系列理财产品。该产品很快得到了客户的认可，产品规模迅速增长至20亿元。几年后，NY银行发行了"开阳8号"，更创下了不到半小时就抢购8000万元规模的纪录。在结构设计上，该系列理财产品投资于权益类资产，与传统货币、债券投资工具相比，权益类资产有着高收益、高波动的特点。通过设置预警及止损机制、引入劣后级资金、附加有效担保，通过股指期货对冲等增信及风险缓释措施，产品在为客户提供较高回报的同时，有效控制了市场风险。该产品的预期收益可达6%~8%，明显高于其他类型产品的收益率。

### 风险控制方面

在理财业务开展过程中，NY银行通过各种方式控制相关风险。信用风险方面，严格信用类投资工具准入标准，做好理财业务授用信管理，科学设定风险限额并及时进行监测，不断加强投资后管理和信用体跟踪监测。市场风险方面，综合运用多种工具进行市场风险的评估和计量，强化市场风险限额指标的监测。操作风险方面，完善授权与转授权管理体系，不断优化业务操作流程，切实提高系统支持力度，规避人工操作风险。

## [产品十五] 善融商务平台
### ——JS银行打造开放模式做电商

在JS银行电子银行部"十二五"规划中，泛在、跨界和智慧是电子银行

发展的三大重要目标，善融商务就是其中"跨界"的一项很重要的落地举措。正是基于参与电商的客户需要的不仅仅是静态的资金支持，而且是与其商流、信息流和物流对接的金融服务支持的需求，JS 银行搭建了善融商务平台，不仅为单个客户进行金融支持，而且为其所在的客户网和客户链提供服务。

银行做电商，特别是对于传统的国有控股的大银行来说，面临很多挑战，在文化上、在体制上、在各方面所做的快速反应上，都会面临一些问题。作为首推银行系电子商务模式的银行，JS 银行加快了其创新的步伐，追随策略和领先策略并进。开放和低成本是很多互联网企业走过的路，这也是 JS 银行在很多业务发展过程中重点考虑的业务模式。例如，在 ZG 银行的超级网银系统中，JS 银行对同业的开放水平是最高的，没有对任何其他银行作出任何限制；该行刚刚开始开放的时候，也担心会导致资金流出，但是从该行目前的情况来看，除与个别金融机构的业务之外，总体上反而是流入大于流出的。JS 银行未来将在善融商务平台上开店，也会在淘宝上开店，同时也希望别的银行到该行的善融商务平台上开店。而且善融商务平台本身并不是一个赚钱的业务，其盈利点来源于后续的金融服务。因此，JS 银行不像传统电商对商户收取交易费用、摊位费用等费用。

横跨银行和电子商务两大业务模式，善融商务构建起了自身的跨界优势。善融商务在业务创新上有两种模式，一种是跟随策略创新，另一种是领先策略创新。从电商角度而言，特别是 B2C 和 C2C 的角度来讲，JS 银行更多的是学习，采各家之长，从商业的角度让客户有个满意的体验；从金融领域来说，该行是领先策略，未来将继续提升这方面的优势。比如过去做小微企业贷款，流程是在客户提出需求、JS 银行在线下收集数据之后进行评分评级，在客户达到相应标准之后，再确定贷款额度。而基于善融商务，JS 银行现在已经逐步完善和优化，开发新的小微企业评级评分的系统模型，在这个新的模型中，会在以前的线下数据之外，融合进线上的交易数据。但初期在做小微企业贷款时，还是会线上线下数据相结合，甚至可能是以线下数据为主，随着数据收集得越来越充分，会增大线上数据比重，甚至以此为主；另外，此前是客户提出申请，再由银行来授信的一个模式，未来对线上交易的客户可以提前进行评分评级，基于此提供预授信，当客户有此需求的时候，可以很快在线受理批复支付。如此，依赖善融商务，小微企业可以更方便、更快捷地得到

贷款。

对于 JS 银行而言，跨界电子商务未来跟同业比，会有更多电子商务方面的信息；而跟电子商务平台比，在线下有大量的 JS 银行系统内的客户和交易信息。基于这两方面的信息挖掘，JS 银行可以给客户提供更有效的金融服务。

# ［产品十六］ NY 银行首发 POSPAD 银行卡收单产品

NY 银行业内率先推出首款集点餐服务、多媒体娱乐、支付结算等功能于一体的新型银行卡收单产品 POSPAD，并于日前在天津举行应用启动仪式。

据介绍，POSPAD 产品通过现代网络通信技术，将传统的 POS 机刷卡结算与当下流行的触屏操作相结合，为客户提供全新的用餐体验。顾客只需在 PAD 上滑动屏幕，即可完成点餐；等餐间隙，PAD 强大的休闲功能，让顾客尽享多媒体影音娱乐时光；餐后，客户使用移动 POS 机即可刷卡支付，轻松便捷。对于合作商户，无纸化的点餐流程，既低碳环保，又有效提升高端餐饮企业的服务品质。POSPAD 产品业务受理范围全面，支持包括磁条卡、接触式 IC 卡、非接触式 IC 卡等多类型卡种；此外，该产品还提供数字营销平台、金融结算、行业 ERP 管理等特色服务，将有效提升商户经营管理效率。

NY 银行该款 POSPAD 产品将主要投放到合作、特约餐饮企业。NY 银行在改进客户消费体验的同时，也为进一步提高产品和服务质量、推动打包营销、提供客户整体解决方案做出了有益的尝试。

# ［产品十七］"ZG 银行信贷工厂"模式助推中小企业发展

随着近年来中小企业市场的发展壮大，如何将金融产品与服务融合渗透到这些中小企业群体上，从而促进业务的持续发展，成为各家商业银行不断探研的一大课题。近年来，ZG 银行着力通过落实"ZG 银行信贷工厂"模式走出了一条推进本行中小企业客户发展的成功之路。据悉，截至当年年末，ZG 银行"ZG 银行信贷工厂"中小企业贷款余额已超过 2400 亿元，同比增长高达 45.59%，授信客户数超过 4.4 万户，同比增长 54.54%。

该行采取的"ZG 银行信贷工厂"模式主要有以下特点：

一是将客户需求与银行管理相融合，不断提升客户体验。ZG 银行率先推出的专门服务于中小企业客户的"ZG 银行信贷工厂"服务模式，能紧紧围绕中小企业客户的金融需求，在传统信贷服务模式基础上，借鉴制造业成熟的流水线、标准化操作理念，重塑信贷流程和风险管理体制，提升企业价值与客户体验。同时，该模式秉承了"以客户为中心"的服务理念，将客户需求与银行管理相融合，在业务发展与风险管控之间寻求平衡，在客户成长与风险政策之间灵活决策，在综合收益与风险成本之间合理考量。在实践过程当中，ZG 银行持续从服务渠道、业务流程、产品体系、风险管理方面进行了原始创新与系统优化，实现中小企业客户与 ZG 银行共成长。

二是不唯担保抵押创新金融产品。在采取这种模式过程中，能结合中小企业客户需求，不断创新产品。

1. 针对涉农中小企业，ZG 银行创新采用农产品存货质押，开发"农贷通宝"产品，结合当地农业优势，陆续推出"棉贷、粮贷、苹果、花生、原料枣"等一系列子产品，逐渐形成"一产业一通宝，一地区多通宝"的品牌优势。例如，在河南，ZG 银行围绕"双汇集团"上下游中小企业客户，研发"双汇通宝"产品，批量支持生猪养殖户和肉制品中小经销商。在内蒙古，ZG 银行为涉农中小企业量身设计"乳业通宝"产品，支持涉农中小企业发展。

2. 针对文化创意和电子商务领域中小企业经营特点，ZG 银行创新推出"影视通宝"产品，以知识产权质押融资支持文化创意中小企业发展。同时，积极利用互联网及电子信息技术手段，开发"网络通宝"产品，努力向电子商务领域中小企业提供方便快捷的在线融资服务。

3、围绕支持科技型企业发展的国家战略要求，ZG 银行创新推出"中关村模式"和"张江模式"，承认科技型中小企业的专有技术、核心技术及品牌的资本属性和价值，提供"投保贷"、上市咨询等产品服务，匹配中小企业不同成长阶段的金融服务需要，分别支持北京市中关村地区、上海张江地区科技型中小企业发展。

此外，ZG 银行积极采用大宗商品、存货、应收账款、知识产权、保险权益、林权、生鲜货品、经营权等担保方式，开发符合中小企业需求特点的专属产品。截至目前，ZG 银行已向市场上推出了 160 多项适合中小企业发展的

创新产品。

三是不断拓宽中小企业服务渠道。依托遍布全球的业务平台，ZG 银行努力为中小企业构建立体化、全方位的金融服务网络。

1. 设立专门服务于中小企业的专营机构和特色支行，并根据网点规模和地理位置，进行了分层分类管理，通过网点渠道向客户提供更直接、更便捷、更有特色的金融服务。同时，根据客户分布的区域特点，ZG 银行加快筹建村镇银行，专注服务县域中小企业、个体工商户、种养专业户，持续扩大中小企业金融服务的辐射范围。当年年末，ZG 银行为中小企业提供全面金融服务的网点近 5000 家。

2. 依托网银在线金融服务功能，设计开发了授信业务申请、放款、还款等环节的在线操作，通过整合网上银行、电话银行、手机银行等渠道，主动、精准、批量化地与中小企业客户建立合作，将科技与金融有效结合，使 ZG 银行成为中小企业身边的便利店，满足客户"随时、随心、随地"的服务要求。

四是突出重点，落实有关政策。据悉，ZG 银行选择了 200 余家中小企业作为总行级重点客户。同时，认真贯彻落实国家扶持中小企业发展的各项政策措施，单列信贷规模计划，拓宽资金来源渠道，全力保障中小企业的信贷投放，并针对发展潜力较大的目标客户，充分发挥 ZG 银行集团综合经营优势，向客户提供包括上市咨询、债券发行、保险等一揽子金融服务，帮助其发展壮大，受到中小企业客户的广泛欢迎。

## ［产品十八］GF 银行升级推出"资金自动归集计划"

日前，GF 银行推出了"资金自动归集计划"。资金自动归集计划是指按照客户预先设置的归集金额、归集方式等条件自动触发付款账户（可以是同行账户也可以是他行账户）向收款账户进行转账的资金归集服务。

目前，该行已经推出了资金自动归集计划，客户只需要确保收款账户以及付款账户都已经开通所在银行的网上银行功能，就可以通过简单步骤开通 GF 银行资金自动归集计划。资金自动归集计划分为按固定金额归集、按留存余额归集和按余额不足补足归集三种归集方式，主要解决客户可预知的资金归集或支付需要。例如缴纳各类费用，缴纳房租或归还贷款，定期储蓄，基

金定投等。客户还可登录网银查询转账明细，如果因账户余额不足等情况导致转账失败的，还将免费通过手机短信通知客户。而为保障安全使用，GF 银行设置规定单笔归集金额不超过 5 万元，并有即时短信通知。

## ［产品十九］ZS 银联白金信用卡
### ——欧洲旅游购物常客的"首选信用卡"

ZS 银行联手中国银联推出白金信用卡。凭借针对性的产品设计、独家专享的多重折扣优惠，以及定制式的服务功能，ZS 银行银联白金信用卡被欧洲旅游购物常客认定为赴欧出行的"首选信用卡"，其三大优势值得关注。

手续费优势："零"货币转换费。ZS 银行银联白金信用卡在跨境交易时，客户选择欧洲当地货币，交易金额将自动转换为人民币进行结算，避免货币转换所产生的任何手续费，真正实现交易"零"货币转换费。另外，此次合作发卡的中国银联近年在欧洲的收单网络发展迅速，开通受理的国家和地区近 40 个，特别是在国人常去的大额消费场所均较好地实现了网络覆盖，为持卡人带来便捷、愉悦的信用卡支付感受。

"境外消费主场"优势：专享多重折扣优惠。ZS 银行银联白金卡提供了诱惑力十足的独家专享多重购物折扣优惠。ZS 银行银联白金卡正着力打造"欧洲消费主场"，并延续 ZS 银行信用卡在境外消费领域一贯的高品质服务与良好口碑。

高端品质优势：打造"定制式"服务功能。ZS 银行银联白金信用卡秉承品牌精选合作商的理念，联手国内顶级 5A 级旅行社、欧洲旅游专家，为银联白金卡持卡人提供欧洲热门精选线路优惠：提供覆盖欧洲多国五大热点行程市场优惠价基础上的额外 9 折特惠，满足了高端持卡人注重生活品质、关爱家人、精神享受等深层次、定制化用卡需求。

## ［产品二十］资产配置平台
### ——GD 银行助力国人养老事业

针对广大客户多样化的财务难题，GD 银行专门推出集专业化、全面性为

一体的阳光理财·资产配置平台。旨在通过该行丰富的财富管理经验和先进的资产配置理念，力求为客户提供专业全面的资产配置解决方案，助力于国人养老事业。

一是通过涵盖家庭财务分析、资产配置规划与检视、产品精选与分析等在内的综合性理财服务，GD 银行能够有效培养客户正确的理财观、遵循市场规律的理财纪律和习惯，能够帮助投资者在养老目标和理财风险间寻找到平衡、良性的解决之道，改变了以往"为了机会和运气，到处乱跑"的盲目行为。

二是阳光理财·资产配置平台的完善功能更大大强化了养老规划的专业性。在养老规划的准备阶段，阳光理财·资产配置平台首先会围绕客户的基本情况进行专业细致的诊断和分析。在此基础之上，计算出养老金的缺口，设计制订全面、合理可行的补充养老金方案。

三是以具有稳定收入的中青年客户为例，GD 银行为其量身设计了除社保以外的补充养老投资规划。在具体的产品配置选择上，因为规划注重投资的稳健性，所以整体上以固定收益类投资品种为主。同时，考虑到投资的长期性，GD 银行建议保持一定的股票和另类资产配置，使产品组合具备一定的进取特质，进而抵抗通胀对本金的侵蚀。

四是在养老规划的运行阶段，阳光理财·资产配置平台专门汇集、整合、梳理 GD 银行理财产品资源，能够为客户提供与自身风险承受能力匹配、满足养老规划需求、涵盖十大类理财产品的对比、筛选和建议，有效解决了"客户不知道买什么、如何买"的困扰。

五是阳光理财·资产配置平台还增加了对客户持仓情况的投资损益计算、投资组合的跟踪检视功能，能够定期对客户的养老规划进行专业检视，并依据市场局势和产品表现进行调整和优化，努力推进养老规划的稳定进行，让客户没有"风险变幻"的后顾之忧，投资更安心、放心。

六是该行阳光理财·资产配置平台不仅在养老方面，而且还能够结合当前社会普遍关注的子女教育、置业、旅游、人生健康保障等诸多的财富难题，为客户量身定制专业、系统并切实可行的财务规划。

# [产品二十一] 超级网银
## ——ZS 银行网银业务进入新时代

　　ZS 银行推出的超级网银及其增值服务，是基于 ZG 银行牵头开发的网上支付跨行清算系统，目前全国 70 多家银行均已开通。客户与 ZS 银行签署有关账户查询协议和授权支付协议后，即可通过网上银行查询协议账户及向协议账户收款。为进一步提升便捷性和客户体验，根据客户需要，ZS 银行在此基础上开发了"资金归集"的功能，客户选择开通此功能后可实现"保底归集"、"智能归集"和"全额归集"等多样化的智能收款增值服务。该服务一经推出，受到了广大客户的普遍欢迎。

　　超级网银资金归集功能具有省钱、省力、省心、安全四大特点：

　　省钱：推广期间，资金归集的中心账户和关联账户之间的转账一律免费。

　　省力：客户只需简单几步操作，进行一次性设置，后续中心账户和关联账户之间的转账便可自动、定期执行。

　　省心：客户资金归集提供保底、全额、智能等多种方式，充分满足客户的个性化资金集中管理需求，省去频繁管理多个跨行账户的烦恼。

　　安全：基于该行安全成熟的跨行清算系统，客户须分别使用中心账户和关联账户银行的 USB Key 等高级别安全工具和密码方能完成身份验证并完成签约。此外，ZS 银行还提供了业界最高安全级别的网银专业版防护体系以确保客户账户资金安全。

　　超级网银的推出，很好地解决了个人客户的现金管理需求。除了社会热议的家庭夫妻账户管理之外，超级网银还可以在包括个人账户管理、还款缴费、投资理财和生意经营等方面为客户提供便捷服务。

　　1. 定期转账。例如，客户以前在每月发工资后，需要到代发工资的开户银行网点提款，或者随身携带多个银行的网银 USB Key 转账，才能把资金转到个人 ZS 银行常用账户上。而现在，他只要通过使用全额归集功能，就可以自动将工资卡的钱免费、实时地转出。

　　2. 还款缴费。如客户在银行账户的一部分资金需要用来还贷款或信用卡透支甚至缴费，可以通过使用保底归集功能，既能达到免费、实时转账的目

的，又能确保贷款和信用卡的正常还款。

3. 生意经营。ZS 银行超级网银对于从事连锁、个体经营的客户也很有帮助。以前，为保证各个连锁店的资金流动性和效率，个体经营客户每天都需要检查各个连锁店账户，保留小部分运营资金，把大部分的资金集中到自己的主账户，不仅容易出错，而且占用大量时间精力。现在，通过使用智能归集功能，既可以保证连锁店账户留有一定的运营资金，又可以把富余资金转出。

ZS 银行超级网银具备了强大的资金归集功能。这一功能轻松打破了各家银行间资金流动的界限，大大加快了我国资金流通的速度，为广大客户特别是中小企业、个体经营者敞开方便之门。这一功能，将使 ZS 银行存款在季末、年末回流时变得畅通无阻。

## [产品二十二] NY 银行办理首单"合同能源管理（EMC）融资"业务

近日，NY 银行成功办理首单"合同能源管理（EMC）融资"业务，为某钢铁股份有限公司"干熄焦技术改造项目"提供节能减排咨询顾问及融资服务。该项目建成后，预计每年可为企业节省 5.31 万~6.6 万吨标准动力煤，帮助企业有效降低生产成本，显著减少污染物排放。

"合同能源管理（EMC）融资"业务是 NY 银行根据银监会《绿色信贷指引》要求，专为企业采用合同能源管理（EMC）模式进行节能减排改造而推出的创新金融业务，也是首次由国有商业银行推出的 EMC 专业融资产品。EMC 是近年来国家重点推行的一种以运用市场手段促进节能减排的机制。在此模式下，节能服务公司将发挥其专业优势，通过为用能企业（如电厂、钢铁厂、酒店等）投资建设节能改造项目并提供节能服务等方式，大幅降低企业在节能改造过程中面临的资金和技术风险，最终以节能效益分享方式回收投资并获得合理利润。国家《"十二五"节能环保产业发展规划》提出，到 2015 年，EMC 将成为国内企业实施节能改造的主要方式之一，行业产值将从 2012 年的 830 亿元增长至 8000 亿元，并形成 70 个左右年产值在 10 亿元以上的专业化服务公司。

节能环保行业是国家七个战略新兴产业之一，发展前景广阔。此次"合同能源管理（EMC）融资"业务的推出，是 NY 银行抓住传统产业节能减排升级改造、战略性新兴产业兴起的机遇，加快金融产品和服务方式创新，支持国家绿色发展战略的又一举措。

# ［产品二十三］BS 银行推出展商赢现金流信贷产品

2012 年 11 月 29 日，BS 银行小企业金融部正式推出展商赢产品，该产品聚焦企业现金流，降低抵质押，希望通过推出这款产品，解决更多抵押品不足，却有着强劲发展竞争力的小企业所面临的融资难题。

BS 银行该款创新产品一改传统信贷观念中以押定贷的方式，以客户日常经营产生的现金流为第一还款来源，将保证金、抵押物与企业日常银行流水三者有机结合，在授信过程中根据贷后情况灵活调整三者比例，提高了企业融资的灵活简便程度。

BS 银行小企业金融部副总经理陈某表示，在现有的监管环境下，中小银行不惜以自身的资本金来发展小企业融资和贷款，以银行自身的高成本来运作。BS 银行展商赢产品着眼于企业的现金流，抓住企业过去、现在和未来这三个现金流，对小企业客户的风险进行综合评定，确定对小企业融资的尺度和标准。小企业市场的增量和贷款需求将不断增长，BS 银行集中服务于九大行业，这些行业近八成由小企业来经营，这些行业多为环保型阳光行业，BS 银行对两高一低行业的信贷投放是比较谨慎的。

展商赢产品的定价主要以银行风险成本、经营成本和市场容忍因素为定价基础，在此基础上放大 8 个点的区间，并将区间分为 3 个阶段，再根据企业现金流状况划定企业标准。企业现金流不断提高，那么可能将划为卓越级，若企业现金流减少，通过了解企业的风险掌握点，调整企业授信级别。针对展商赢产品，陈某表示，未来的不良预期控制在 1% 之内。未来针对小企业融资还将继续推出新产品。

据悉，BS 银行小企业金融部的目标客户是销售额在 300 万 ~ 2.5 亿元，贷款额度在 100 万 ~ 1000 万元，主要贷款在 500 万元以下的企业，BS 银行对小企业主要提供短期融资、结算中间业务以及金融咨询服务。

## [产品二十四] "周转贷"、"精盈贷"
### ——ZG 银行推出个人贷款新品种

今年 ZG 银行推出个人贷款新品种。客户只需在该行办理"周转贷"、"精盈贷"中的任何一项业务，即可获得"免费评估您物业　评估报告送您家"和"利率最优惠　轻松您贷款"两个优惠。

周转贷，是一款物业抵押随借随还的个人抵押循环贷款。该产品贷款成数高，期限长，最高可达 7 成、10 年。额度一次申请反复使用，灵活方便，省心省力，额度最高可达 2000 万元。申请手续简便快捷，凭个人资产证明可在较短时间内获取贷款，还款方式灵活多样，可选择按月、按季度、按年还款。

精盈贷，是一款突破抵押物限制，专为中小企业量身定制的个人投资经营贷款。该产品抵押物形式多样，可用住房、商铺、写字楼、土地或厂房抵押。贷款申请突破抵押物不足或无抵押物限制，可以第三方担保方式发放贷款。实行产品组合，专业人士设计方案，额度最高可达 2000 万元。该产品申请手续简便快捷，凭有效资产证明就可在短期内获取贷款。

## [产品二十五] 电视银行
### ——YC 银行推出首家电视银行系统

YC 银行"电视银行"在 BJ 市成功上线，成为国内首家全国性银行在总行层面组织建设的电视银行系统。

电视银行依托于数字电视运营商的双向数字网，以有线电视机与机顶盒作为客户终端，遥控器作为操作工具，为客户提供各种银行服务，有"家居银行"之称。YC 银行在电视银行的设计和构建过程中，特别注重客户体验，目前可以实现个人客户人民币账户信息查询、转账（定活互转、行内转账）、信用卡（还款、账单查询）、缴费、银行产品信息查询等功能。下一步，YC 银行还将针对电视银行推出个人客户外币通（定活互转、外币理财）、基金业务、理财业务、个人贷款、第三方存管等特色业务功能，以满足客户全方位

的金融需求。

相比电视银行，网上银行、电话银行、手机银行已是先行一步，后发的电视银行的优势在于：相比网上银行，客户不需要购买电脑，几乎不需要投入成本；相比电话银行，客户可办理更多的银行业务；相比手机银行，客户操作的可视界面尺寸更大，更加简单、直观。而对于消费者关心的安全问题，"电视银行"所使用的不是互联网，而是歌华有线电视的专用网络，线路封闭，易于加密，因而更安全，客户在进行转账、缴费等业务时，会通过短信等方式进行确认，客户还可以自行设定交易次数和交易额度。而且，市民在第一次使用电视银行前，必须先到 YC 银行的网点开通电视银行功能，同时还要将自己的 YC 银行卡与机顶盒进行"绑定"，因此在安全性上更加有保障。但是，电视银行也并非没有缺点，不是所有的机顶盒都可以使用，目前只有实现了高清交互式服务的机顶盒才能使用电视银行。

此外，申请注册开通电视银行时，客户需持本人有效身份证和同一身份证开通的个人活期结算账户或信用卡账户，至 YC 银行任一营业网点填写《YC 银行个人电子银行服务申请表》及签署《YC 银行个人电子银行服务协议》，经网点审核无误后即可直接登录电视银行。一个身份证号只能绑定一个机顶盒，一个机顶盒上最多可绑定 5 个客户。如果客户在非绑定的机顶盒上使用电视银行，只能进行查询余额、账户明细等非动账交易。

## ［产品二十六］MS 银行：让私人银行更有效地对接 PE

在 MS 银行私人银行部的目标清单上，"把整个 PE 产业链与撮合业务完美结合"处于最醒目的位置。MS 银行私银部总裁张某强调，"私人银行有一个概念要厘清，就是要用撮合与投行的思维来做 PE。撮合客户、项目、企业、PE，是一种综合能力。"

### 投资家俱乐部：平台落地

为业内所熟知的是，MS 银行私人银行部在前几年帮助德同资本募资 3 亿多元，完成德同单笔 30% 的资金募集额。但 MS 银行希望发挥的作用并不仅限于为 PE 寻找资金。此后的两年中，MS 银行私人银行部逐步与赛富、复星、

联创、九鼎等知名 PE 在"募、投、管、退"四个阶段深入接触，其撮合业务已经颇具规模和系统。

除上述 PE 外，MS 银行与国内排名领先的 20～30 家 PE 及区域市场中最好的 PE 保持合作关系，对接两万多中小企业主——帮助 PE 向私银客户募资，发掘优质企业客户资源并推荐给 PE，为 PE 已投项目提供公司金融服务，在项目退出时担当财务顾问。

接下来，MS 银行私银部将这一核心战略进一步"落地"。在深圳举办的中国国际高新技术成果交易会（即高交会）论坛上，MS 银行宣布"投资家俱乐部"正式筹建，对接创投委、发改委等资源，通过与 PE 机构签订基金募集协议，全方位铺开基金募集、基金托管、项目推荐和风险控制的深度合作。

MS 银行私人银行部副总裁李某表示，成立中国投资家俱乐部的目的，"不是去汇集 PE 大佬，而是培养中国真正的投资家，为我们的 LP 服务"。

这一平台的目标 PE 人群定位于"中国最顶级的投资人"，MS 银行则将作为第三方，为投资家和 LP 客户提供顾问和分析。李某认为，"较之一般的市场行为，银行的对接服务更加具备公信力。"

## 帮客户投资：把脉 LP 需求

平台的另一端，是"金融净资产达到 800 万元的客户个人和家族"。经过两轮调整，MS 银行私人银行部在 2010 年将这条客户标准确定下来，并沿用至今。

资产门槛的背后，是 MS 银行对高端客户需求的反复探索。实际上，早在三年前，MS 银行董事会已提出"民营、小微、高端"的客户定位，"以客户为中心"的战略执行体系逐步建立，随之启动的还有"私人银行客户之声项目"。

私人银行部总裁张某曾明确指出，"中国企业家缺乏专业的指导，所以我想打造的是一个帮客户投资的银行，使客户利益最大化。"MS 银行私人银行部不仅将民营企业主作为服务重点，还从"小微企业"中获得未来的客户储备。

私人银行部副总裁李某透露，MS 银行私人银行部管理的客户中，很大比例的客户已经成为 LP 客户，而其余大部分同样是潜在的 LP 资源。私人银行

部业务拓展的"金钥匙"，就是对高净值人群的需求不断深入地加深理解。在李某看来，这一过程系统且流变。

MS 银行与麦肯锡共同推出的《中国私人银行市场报告》中总结道，中国高净值人士的理财目标以财富增值和财富保值为主。

而数年前，MS 银行最早涉足私人银行业务时，国内的 LP 市场方兴未艾，大部分客户对 PE 缺乏了解。"造福机制被神话"，李某说道，"第一类客户希望快速回报，实现暴利"；第二类人群则选择把产业放下不做，在业内寻找数个投资团队为之"管钱"。

除前两类人群外，MS 银行服务的客户更多来自处在中游的"LP 试水者"。对这类希望增值保值的个人投资者来说，PE 类产品设计相对复杂，且受宏观经济周期和二级市场等影响；在"市场环境不佳、国内 PE 机制尚未形成生态圈"的现状下，如何参与转型，做出切合客户状况的投资方案，为 LP 们寻找良性的退出方式，是 MS 银行私人银行部客户服务最重要的着力点。

## 竞争突围：差异化经营

"不仅要以不断创新的产品满足客户的需求，还要对客户培养资产配置的意识，提高他们对私人银行服务的黏性。"私人银行部副总裁李某表示。

随着高净值人群的增长，私人银行整体将获得更大的市场，与此同时，参与者的竞争也日趋激烈。据统计，截至今年，中国私人银行管理资产规模已逾 3.5 万亿元，客户超过 14 万；而已经开设私人银行的中资商业银行 12 家，中资私人银行类机构约 150 个。

MS 银行的报告认为，出于多元产品选择、私密性及分散风险的考虑，高净值人士倾向于选择多家私人银行进行投资理财。但整体而言，这类人群对私人银行服务的认知度有待提升：他们之中约 45% 表示对此项服务不甚理解。

究其原因，一是私人银行的概念尚未普及，私银的专属产品相比大众理财等基础性产品，鲜为人知；二是市场上现有的私人银行服务与零售高端业务类似，从零售贵宾到私人银行客户，难以感受到两种服务的实质变化。

为突破上述情况的掣肘，MS 银行首先从组织架构和业务分配上，将私人银行部与从事零售业务的财富管理部明确分开。从私人银行的产品方面，尽可能走差异化路线，以区别于竞争对手。

　　此外，产业基金也是 MS 银行私人银行部的主打业务之一。MS 银行推出业内第一只房地产基金。近些年，在地产、艺术品等产业基金上，MS 银行均有所建树。

# ［产品二十七］ NY 银行全面升级"随薪贷"信用贷款业务

　　近日 NY 银行全面升级"随薪贷"业务，对贷款期限和额度进行了调整。

　　"随薪贷"是 NY 银行以信用方式向资信良好的个人优质客户发放的、以个人稳定的薪资收入作为还款保障的、用于满足消费需求的人民币贷款。贷款对象包括单个优质个人客户及优质行业单位的正式在编员工。

　　NY 银行"随薪贷"业务由原贷款额度最低 5 万元、最高不超过 100 万元调整为最低 2 万元、最高原则上不超过 200 万元；个人消费用途包括购买自用车、房屋装修、大额消费品、旅游、教育等各项消费支出；"随薪贷"业务原贷款期限最短 6 个月、最长不超过 3 年调整为最短 3 个月、一般最长不超过 3 年，对于特定优质客户，贷款期限最长不超过 5 年，同时满足：贷款期限 + 供款人实际年龄 ≤ 国家法定退休（退役）年龄。

　　"随薪贷"贷款方式以信用方式，主要以个人稳定收入为信用评定依据，比个人综合授信贷款用信用和保证方式发放的额度更大，期限更长，有利于竞争优质个人客户。建议 NY 银行推出类似个人贷款或优化现有产品，巩固和扩大个人贷款市场份额。

# ［产品二十八］ MS 银行推出"新婚金融服务"

　　近日，MS 银行再次推陈出新，推出了以新婚为主题的"新婚金融服务"。据悉，这是 MS 银行基于新婚喜事，新人倍增的市场基础而设计出的新金融服务模式。

　　"由快乐的单身汉步入幸福的小家庭，礼金、黄金、理财、管财一个都不能少。"MS 银行 QZ 分行相关负责人表示，正是基于这个市场需求，MS 银行 QZ 分行专为新婚家庭设计一系列的新婚金融服务，推出了"礼仪存单"、"实物黄金"、"保管箱"、"新婚理财"等特色产品和服务，为新婚家庭的新婚生

活保驾护航。

## 特色产品：推出"礼仪存单"、"实物黄金"、"保管箱"

MS 银行此次针对新婚家庭推出的金融产品组合包括"礼仪存单"、"实物黄金"、"保管箱"三种。

其中，MS 银行"礼仪存单"系列产品，是在传统人民币定期存单的基础上，为满足客户送礼、收藏等需求推出的带有精美套封的特色定期储蓄产品。礼仪存单票面印制精美，采用不定额和实名制发行，客户在持有期内可以办理挂失、提前支取、自动转存，其开办方法及相关规定均与普通中国 MS 银行整存整取定期储蓄存款相同。据悉，该"礼仪存单"为人民币整存整取，存期分三个月、半年、一年、二年、三年、五年六种。

而 MS 银行推出的 MS 银行金实物黄金，则是带有 MS 银行标志、由上海黄金交易所认证的合格黄金精炼企业铸造。据悉，此款 MS 银行金共有 5 克、10 克、50 克、100 克、200 克及套装版等多种规格，价格是在上海黄金交易所的原料金价格上每克升水 10 元，远低于每克升水 50~60 元的首饰金金价；除此之外，MS 银行还为客户提供"MS 银行金"系列金条的优惠购买、保管、回购等全套服务。其中，"MS 银行金"系列中的"龙凤呈祥"金条，就是 MS 银行专为新婚夫妇设计的，富含深刻寓意的结婚金条，金条背面为中国 MS 银行标志、克重及编号，粘贴防伪标签。

MS 银行推出的"保管箱"采用全进口箱体设备和指纹识别验证系统，款式新颖，安全坚固，具有防火、防潮、防盗功能。其采用计算机指纹识别身份的保密措施，实行全天候监控和值守，时刻控制金库大门；连续租用，租金可逐年递减；贵宾客户（钻石卡、金卡、银卡）享受优惠租金（具体优惠政策以支行公布为准）；具有完全民事行为能力的个人和单位代理人均可办理；在营业时间内租用人可随时使用其保管箱。

## 特色服务：量身定做的"新婚理财"财富方案

MS 银行除了推出"新婚理财"产品组合外，还推出了为新婚家庭量身定做"新婚理财"财富方案的服务。据悉，近日一对新婚夫妇就刚刚获得 MS 银行 QZ 分行理财师为其量身定做了"新婚理财"财富方案。

据悉，今年 29 岁的这位张先生，在一家企业担任营销部门主管，月税后收入 6000 元左右；新婚妻子田小姐今年 25 岁，是一家事业单位的工作人员，月税后收入 3000 元左右，双方年终税后奖金共计约 30000 元。夫妻双方月主要开支用于偿还房贷、车贷、日常消费和应酬，共计 4500 元。新婚伊始，家庭积蓄 10 万元，希望尽早生育小宝宝。根据张先生的资产状况和风险属性，MS 银行理财师给出了自己的投资理财建议："财务状况类似的新婚家庭，可以采用积极的投资品种，加快财富积累，同时注意确保财富资产抗风险的能力；此外，建议新婚夫妇也要尽早建立一些长期投资账户，建立终生理财的习惯"。

在给上述张先生夫妇的财富方案产品组合配置表上，MS 银行的理财师在银行卡及现金管理方面，给出使用"贵宾卡、信用卡、薪资理财卡"等金融产品的建议，并令其建立财富管理主账户，以便商务差旅之需。而在活期储蓄存款方面，建议金额在 1 万元左右，用于日常生活支出，包括房贷、车贷、日常消费和应酬等；在财务风险管理方面，则建议张先生从优选配 5 万元基金组合，进行中长期持有、购买 20 年期定期寿险，配置与房贷、车贷贷款金额同等保险金额的寿险产品以转嫁风险（如：房贷 40 万元、车贷 10 万元，则投保的寿险产品的保额为 50 万元即可，如 30 岁起投保，则每年约缴保费 1200 元左右）、进行定期储蓄存款，保持 1 万左右金额以作投资储蓄和备用金、月供 1000 元基金定投，建立长期投资计划、配置 5 万元进行银行理财，获取稳健的中等收益等方面入手。

MS 银行理财师在为张先生夫妇量身定做时也不忘其退休计划的安排。对此，理财师建议张先生夫妇可期缴分红型年金保险（年保费支出 3000 元，获得 10 万~20 万元保障，建立年金计划，防范意外、疾病等风险）。

## ［产品二十九］ ZG 银行：多元化平台为企业各发展阶段提供全方位服务

现代大部分国家的银行都经历了混业到分业再到混业的演进路径，综合经营仍是金融机构做好、做强、做大的战略选择。"多元化经营就是能提供企业整个发展阶段不间断的服务。"ZG 银行相关负责人介绍，作为国际化和多

元化程度最高的银行之一，ZG 银行和附属公司构成整个集团的多元化平台，能为企业成长的全过程提供多领域金融服务，该多元化平台战略，能降低企业融资成本、谈判成本、时间成本，提高效率和降低风险。

## 国内多元化起步最早

ZG 银行是国内开展综合经营最早、金融平台最为完善的大型金融服务集团。

"通过整合银行、证券、保险等各类型金融产品，为客户提供综合服务，实现金融综合经营和金融机构的集团化发展是现代金融业发展的必然趋势。"ZG 银行负责人表示，"这就使我们为客户服务时，不光能提供商业银行的存贷款、结算业务，还能提供企业上市、股权投资、投资管理等顾问服务。"

"目前很多大行都在走综合金融平台的多元化路子。银行其实是一个金融服务的载体，银行为客户提供越多的金融服务，在体系内的业务也越多，也就能让客户忠诚度提高，整个体系的综合收益就越多。"

## 为企业不同成长阶段提供综合金融服务

"企业不同的发展阶段，融资需求不同，多元化战略可以对其需求进行精细划分，对其所需的金融产品和服务进行整体策划，为其成长全过程提供个性化、专业化的多领域金融服务。"上述负责人表示。

企业处于不同的发展阶段，事实上也处于不同的融资周期。该负责人举了粤东地区一家民营企业为例，说明在企业不同发展阶段，ZG 银行提供的多元化金融服务。

该企业在创业期，金融需求较为简单，一般为简单的银行贷款，以及利用股权进行融资，如引入战略投资者等。这时 ZG 银行通过投资银行业务中的风险投资、产业投资基金等模式，向企业提供股权融资顾问服务，并提供银行贷款、资金结算和账户管理等传统银行服务。等到该企业进入成长期及上市培育期，ZG 银行通过附属的证券公司、直投公司等机构，向企业进行直接股权投资、协助企业进行股份制改造和创业板上市、提供资本结构优化服务等，同时提供商业银行全面的间接融资服务。

后来，该企业上市后，ZG 银行结合传统及创新金融产品，如银团贷款、

并购贷款、公司债、中期票据等，满足该企业如并购重组、发行公司债等更为复杂的金融需求。

上述负责人透露，近年，ZG银行已经为全省超过120家处于创业期和成长期的拟上市优质企业提供了上市前培育辅导金融综合服务。

## 多元化经营节省企业成本

据该负责人介绍，多元化的好处在于，原来整个市场的融资主要靠银行，现在已经逐步转变为以银行融资为前沿营销客户，背后配以各种形式的金融服务方式。这样可以减少客户在整个金融领域的交易成本，因为客户只跟一家银行谈业务，银行整合给企业做服务，由于企业对该银行产生信任，因此能减少谈判成本，企业也能更容易融资，还节约了企业的时间成本。

多元化经营也降低了金融领域的风险。因为如果企业全部靠银行融资，风险就全部集中在银行；但如果企业用综合手段融资，如上市、发债等直接融资产品，那么风险就分散为由整个市场承担。"所以我们做这种多元化服务，除了可以提高银行的收益，企业的效率也得到提高，成本、风险都降低了，形成多赢的局面。"该负责人称。

上述ZG银行人士透露，近年来，该行为多家民营企业提供上市前辅导及融资服务，成功协助企业顺利实现登陆中小板、创业板资本市场，实现累计融资金额超40亿元。今年还为省内某民营企业成功发行15亿元企业债券，实现广东省民营企业债券发行"零突破"。

# ［产品三十］ 中国GD银行"汽车供应链线上融资系统"上线

近日，中国GD银行正式推出"汽车供应链金融线上融资系统"，动动鼠标就能线上申请融资服务，为汽车行业客户创新提供操作简单的在线融资交易、各类信息查询和物流管理服务。

中国GD银行汽车供应链金融线上融资系统，是GD银行基于汽车产业链上的核心企业、经销商、供应商、物流公司的个性化需求，量身定制的在线金融服务。汽车行业客户通过该系统，即可在线完成融资申请、审批和放款

等业务流程；可以在线即时查询包括合格证、授信额度及使用情况、车辆库存等；也可与第三方物流公司系统进行互联互通，实时交换信息。

"汽车供应链金融线上融资系统"设计简单直观，环环相扣的交易流程安全易用。GD银行优化完善了数据查询、融资业务申请、数据处理等各个环节，精心设计操作流程与页面设置，通过简短的几步电子流交易即可完成包括融资服务、查询记录、优化管理等方面的在线金融服务，最大限度地提高用户体验，提升效率，为银行、厂家、经销商节省了大量人力、物力以及时间成本。

# 第十二章 组织篇：标准搭建，典型引领，借力软实力模型提升银行绩效

**本章提要** 软实力水平的提升既是客户经理个人的事，更是整个银行的事。因此，商业银行的一项重要挑战是如何提升全体产品经理的管理水平。本章从商业银行的视角对这一问题进行了探讨，分析了银行如何运用"产品经理软实力模型"提升软实力水平，促进银行业绩的提升。

软实力胜任标准的建构是开展人力资源管理活动的基础。"商业银行产品经理软实力模型"构建好后，即可以此为基础，运用测评手段对产品经理候选人进行测评，从而为决策者提供相对科学和量化的参考，提高专业性。同时，该模型也可用于在岗产品经理的软实力评价，进而为产品经理的培训、绩效考核、薪酬管理以及职业生涯规划提供参考依据，促进建立新型商业银行管理平台。

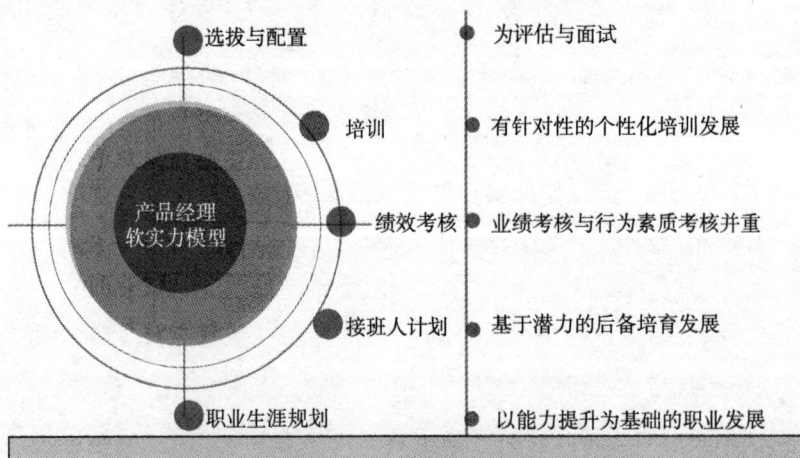

图 12.1 商业银行产品经理软实力模型的应用

## 一、基于软实力模型的商业银行产品经理候选人选拔与配置

传统的产品经理招聘与选拔多停留在以教育背景、知识水平、技能水平和以往的经验而非软实力来做出聘用的决定，但往往知识丰富、技术能力较强的人不一定就是绩效优秀者。因此，这种选拔方式可能并不能很好地选拔出高潜力者。而基于软实力的产品经理和管理人员选拔，挑选的是具备软实力和能够取得优异绩效的人，而不仅仅是能做这些工作的人。因此，人—职匹配不仅要注重知识、技能的匹配，还必须重视内隐特征的匹配。这样做的理由是，处于软实力结构表层的知识和技能，相对易于改进和发展；而处于软实力结构底层的核心动机、人格特质等，则难以评估和改进，但对软实力却有着重要的贡献。只有具有与商业银行企业使命一致的人格特质和动机的人，才可能与银行建立以劳动契约和心理契约双重纽带为基础的战略合作伙伴关系，才可能被充分激励而具有持久的奋斗精神，才能将企业的核心价值观、共同愿景落实到自己日常的行为过程中从而造就卓越的组织。

以"商业银行产品经理软实力模型"为基础，可以构建基于软实力的产品经理选拔与配置机制。对产品经理候选人的能力、技能和素质进行评估的最实际、最有效的方法之一是基于行为事件的面试方法。这一面试方法的假设前提是过去的绩效能最好地预测未来的绩效。优秀的决策者根据"产品经理软实力模型"，对产品经理候选人价值观，以及在过去行为中所表现出来的能力高低进行判断，并与岗位软实力标准对照，预测产品经理候选人在该应聘岗位的未来表现，做出是否录用的决策。

对商业银行产品经理的选任除了采用传统技术外，还可以运用心理测验、管理游戏、评价中心技术以及结构面试等测评技术。

## 二、基于软实力模型的商业银行产品经理培训设计

基于软实力模型设计的培训，是对员工进行特定职位的关键软实力的培养，培训的目的是增强员工取得高绩效的能力、适应未来环境的能力和软实

力发展潜能。与传统的培训相比，基于软实力的产品经理培训系统更富有针对性。通过"产品经理软实力模型"，产品经理可以发现自己的"短板"，从而有针对性地实施培训计划。这种培训设计重视管理软实力的培训。

以"商业银行产品经理软实力模型"为基础，商业银行基于软实力的培训与开发基本程序一般分为培训需求分析、培训与开发计划的制定和实施、培训与开发效果评价。各个阶段不是孤立的，而是相互影响的，商业银行应该依据培训与开发的效果，不断调整各阶段内容，提高培训与开发的效果。

## 三、基于软实力模型的商业银行产品经理绩效考核设计

绩效 = 结果 + 过程，引进平衡计分卡和关键业绩指标能清楚地界定绩效在结果方面的指标，而引进软实力模型之后则能非常容易地界定绩效在过程方面的指标，从而极大程度地简化绩效评价过程，并能鼓励员工不断提高自己的软实力水平。

在以往绩效评估时，评估人员经常会发现很难收集被评估对象工作绩效的充足数据，或者只强调绩效目标，而不管员工是如何取得绩效等。在对产品经理考核过程中，由于缺乏足够科学的考核方法，大多数考核只能看到被评估产品经理显在的业绩，而不能科学地预测被评价者的潜在业绩。而基于胜任特征分析的考核评估，就为商业银行产品经理的绩效考核提供了新的思路和技术基础。基于软实力模型的绩效考核在绩效标准的设计上既要设定任务绩效目标，又要设定胜任力发展目标。绩效标准的设计适当平衡产品经理的贡献和胜任力发展、目前的价值和对组织长远发展需要的重要性、短期绩效和长期目标三组关系。这样的一套经过科学论证并且系统化的考核体系，也正体现了绩效考核的精髓，真实地反映了员工的综合工作表现。这样，基于胜任力的考核指标体系，是一组能科学确定区分优秀与普通组的指标集。在绩效评估时，应从目标任务的完成、关联绩效的提高、胜任力的发展等方面来进行。

首先，建立绩效测评指标体系。产品经理的绩效目标不仅包含任务绩效，还包含关联绩效。尤其是在目前竞争激烈的商业银行，要求产品经理不仅要很好地完成自己分管或承担的工作任务，还要与其他团队成员密切配合，更

多更好地创造周边绩效和适应性绩效，以不断促进整个银行业绩的提升。因此，在考核商业银行产品经理时，要在原有考核指标体系的基础上，增加帮助他人、承担本职外工作等的考核内容。由于前面已经建立了测量商业银行产品经理绩效的量表，因此，具体实践中，可以将此量表设计成测评问卷内容的一部分添加到对产品经理的测评表中。

其次，选用正确的评价方法。在很多企业里，都是直接上级对下级进行业绩评价以及能力评价。这样做有它的正确性，因为直接上级对被评价者起到绩效目标设定、过程监督以及结果评价的作用，有很多的机会对被评价者进行观察和了解。但是，上级并不是时时刻刻都在观察被评价者，被评价者在工作过程中也不是仅仅与上级打交道，被评价者的业绩与能力也不仅仅可以被上级评价，并且被评价者也不仅仅对上级负责。因此，仅仅由上级来评价会受到一定的局限，从而不能全面考察被评价者的业绩和能力素质。而360°评价法则可以弥补上述方法的局限，它选择被评价者的上级、同级、下级或客户以及被评价者自己进行评价，从而能够得到全面的信息和材料，使我们能够更加准确地了解被评价者的情况。基于"产品经理软实力模型"，我们对在职的产品经理以及产品经理的备用人员进行评价时都可以采用360°评价法来考察其能力素质。

将软实力模型应用于绩效管理，需要建立公正的、具有发展导向和战略性的绩效管理体系。这样一个绩效管理体系应包括四方面的内容：（1）绩效目标是建立在认同和信任的基础上，员工参与绩效目标的制定，并通过管理沟通形成绩效承诺；（2）在整个绩效管理过程中，管理者应针对下属软实力的特点，给予相应的指导、支持和授权，不断提高下属的工作自主权，推动员工与企业共同成长；（3）绩效考核应做到公平、公正，绩效沟通应着眼于软实力发展与绩效提高；（4）绩效管理不能仅仅局限于员工个人的绩效，应注意软实力中人际技能和团队协作能力的培养与发挥，合理设计工作群体，努力提高群体绩效。

## 四、基于软实力模型的现代商业银行后备产品经理选拔和培育

企业接班人计划是现代企业应对各种危机管理所不得不采用的一种策略。

运用软实力模型，商业银行能够选拔出有潜质的企业接班人（后备人才），从而为组织的发展提供合适的领袖人才，进而实现企业的长远发展。

接班人才的选拔和培养机制对于组织来说是一把"双刃剑"，如果使用得当就能够吸引、留住和激励人才；但使用不当则可能导致优秀人才流失，甚至给组织带来难以预测的危机。对于竞争激烈的商业银行来说，建立全新的、科学的、系统的产品经理后备人才选拔培育系统，对于银行在知识经济时代获得生存和竞争优势具有重要意义。鉴于此，改革和完善后备人才选拔培养机制，以"产品经理软实力模型"为基础，建立产品经理后备人才选拔评价体系；以行为事件访谈法、评价中心法为手段，完善基于业绩和能力的人才测评体系，是当前许多银行所面临的一项紧迫任务。

## 五、基于软实力模型的商业银行产品经理职业生涯规划设计

运用软实力模型这一有效工具，商业银行可以对在岗产品经理软实力现状进行评估。在此基础上，结合产品经理本人的工作特点和行为特质，为其设计符合个人需要与企业需要的职业生涯规划，从而实现"双赢"。

成长与发展是人的一项基本而重要的需求，提高岗位胜任力和就业能力是员工职业发展的重要方面，同时员工的发展又促进了组织竞争力的提升和组织发展。通过开发软实力模型，对员工的胜任力潜能进行评价，帮助员工了解个人特质与工作行为特点及发展需要，指导员工设计符合个人特征的职业发展规划，并在实施发展计划过程中为员工提供支持和辅导。这样不仅能帮助员工实现自身的发展目标及职业潜能，也能促使员工努力开发提高组织绩效的关键技能和行为，实现个人目标与组织经营战略之间的协同，达到员工和组织共同成长和发展的目标。

软实力模型在理论上具有相当的优越性，在国内外许多优秀企业实践中也取得了良好的效果。然而，由于文化适应性和银行业的特殊性、银行人员素质以及基础管理的限制，基于软实力模型的管理实践活动必须循序渐进，先从理念引入，再到实践运用，并最终在管理实践中发挥重要作用，进而重新塑造新型管理体系，全面促进银行业务的发展。

# 第十三章 商业银行"产品经理 软实力测评系统"研发及应用

**本章提要** 软实力模型是行之有效的管理工具。本章分析了以软实力模型为基础研发的"产品经理软实力测评系统"的研发过程。重点介绍了"商业银行产品经理软实力测评系统"的构建过程及功能。通过某商业银行广东省分行的运营实践表明,"产品经理软实力测评系统"具有相当科学的信效度,能够帮助选拔与培育优秀的岗位任职者。

## 一、商业银行"产品经理软实力测评量表"的开发

为将"软实力模型"真正应用于管理实务,指导人才选拔与开发,课题组以"产品经理软实力模型"为基础,修改和完善了"商业银行产品经理软实力测评量表"。通过对 500 多名在岗任职者进行量表调查表明,该测评量表的信效度指标较好,测验工具性能良好,可以推广应用。该测评量表可以为商业银行产品经理的选拔、绩效考核以及培训提供专业化的参谋支持,促进商业银行提升经营管理业绩。

## 二、商业银行"产品经理软实力测评系统"的构建及功能简介

为了提高测评效率,借助信息化手段,课题组将银行产品经理软实力测评量表嵌入系统,构筑了基于网络的人机对话形式的在线测评系统——"产品经理软实力测评系统"。该系统是以现代人才测评技术为基础的首度创新性

尝试，它以经济学、银行经营管理学、人力资源管理学、人才测评学等学科为理论依托，借助网络手段，通过系统提供多方面人才测评。

"产品经理软实力测评系统"包括四个模块，分别是软实力素质测评模块、职业能力测评模块、心理健康测评和行为风格测评模块。软实力素质测评模块是一个能够反映出测评者软实力潜力特征的量表。职业能力测评模块侧重于考察候选人对语言文字的综合分析和理解概括能力、对定义的推理把握能力以及对文字、图形、表格等数据的综合分析能力。心理健康测评模块则重在测评候选人的情感症状、抑郁和焦虑的心理障碍。行为风格测评模块用来了解候选人的个性特点、行为特点以及在日常工作中通常是如何与同事沟通相处的，帮助全方位了解候选人的管理风格。

"产品经理软实力测评系统"通过人机对话的网络测评，由电脑自动生成量化的测评报告，报告能给决策者提供一个更加全面的信息，降低管理者用人决策的风险，减少用人失察，提高人岗匹配程度，促进业务发展。

"产品经理软实力测评系统"具有诸多特点，它基于"产品经理软实力模型"，具备相当的科学性和可行度；采用人机对话方式，操作简便快捷，支持多用户同时在线测评；测评内容涵盖软实力素质测评、心理健康和职业能

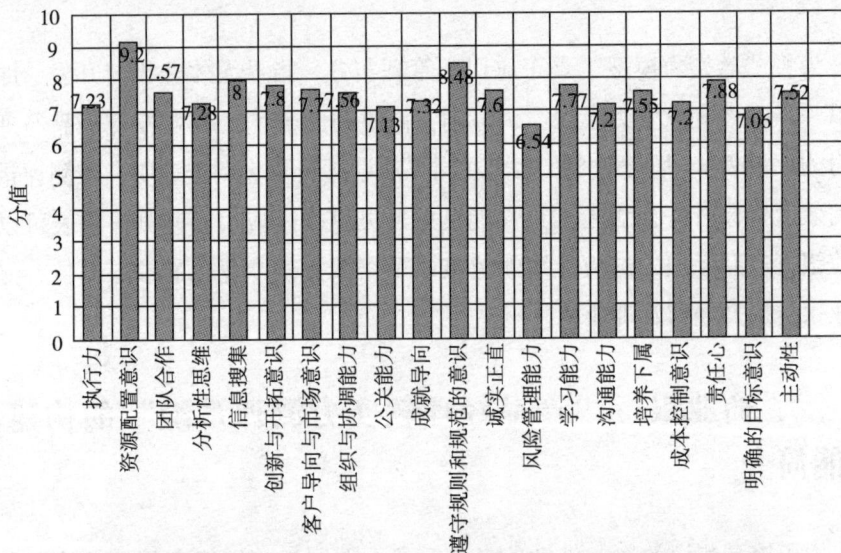

图13.1 "产品经理软实力测评系统"之软实力素质测评模块测评报告示例

力多个方面，测评模块较为全面；系统自动记录各个测评者的基本信息及测评结果，支持批量数据处理，方便使用者对测评结果统计分析；系统扩展性强，为以后的升级和测评模块的增加留有多个扩展接口。测评结果直观清晰，便于使用（见图 13.1 和图 13.2）。

| 测评用户基本信息 | | | 软实力素质测评结果 | | | | | | | | | | | 职业能力测评结果 | | | | | 心理健康测评结果 | | 行为风格测评结果 |
|---|---|---|---|---|---|---|---|---|---|---|---|---|---|---|---|---|---|---|---|---|---|
| 姓名 | 单位及职位 | 测评时间 | 团队合作 | 客户导向 | 团队合作 | 协同创新 | 信息搜集 | 稳重严谨 | 公关能力 | 抗压能力 | 职业操守 | 风险意识 | …… | 言语能力 | 数理能力 | 推理能力 | 信息分析能力 | 综合能力 | 抑郁等级 | 焦虑等级 | |
| 朱×× | ××经理 | | ★ | ▲ | ▲ | ★ | ● | ★ | ● | ★ | ● | ▲ | ● | ● | ★ | ★ | ▲ | ▲ | ▲ | ▲ | 老虎型 |

注：1. 各符号所代表的胜任力水平：★代表该项胜任素质处于较高水平（强项）；▲代表该项胜任素质处于中间位置（中等）；●显示该项胜任素质表现欠佳（较差），需要着力提升。

2. 行为风格测评结果用小动物来代表被测评人的管理风格：老虎代表支配型；孔雀代表表达型；考拉代表耐心型；猫头鹰代表精确型；变色龙代表整合型。

（老虎） （孔雀） （考拉） （猫头鹰） （变色龙）

**图 13.2 "产品经理软实力测评系统"综合测评结果报告示例图**

# 三、"产品经理软实力测评系统"运行报告

"产品经理软实力测评系统"投产后，率先在某大型商业银行广东省分行进行了探索式应用。为解决该行产品经理选拔的管理困境，我们根据该行的实际情况对模型和测评系统进行了细化和完善，然后率先将其投入到产品经理选拔中。

从系统的运营来看，基本达到了预期的效果。使用单位普遍反映，该系统能够较好地预测产品经理候选人的未来绩效，对于银行进行人才选拔、储备和培育发挥了重要作用，提高了人才管理和配置水平，较好地促进了业务发展。

## 四、"产品经理软实力测评系统" 追踪分析报告

从系统总体运营效果来看，"产品经理软实力测评系统"基本达到了预期的效果。然而，该模型的实证效度如何？利用该模型进行产品经理任职者的选拔与测评是否能够真正选出未来能产生高绩效的任职者？针对这些问题，为进一步验证所构建的"产品经理软实力测评系统"的有效性，我们采用追踪分析法跟进分析任职者的实际工作表现，通过实践来证明系统的真实有效性。

按照方便取样的原则，课题组在某商业银行广东省分行辖内选取三十名通过测评并且顺利走上产品经理岗位的被试者，跟踪其三年的绩效，以了解这批人选在实际工作中的表现，进而检验"产品经理软实力测评系统"的有效性。结果表明，通过"产品经理软实力测评系统"的候选人基本都取得了较好的绩效，未完全通过测评系统的候选人的绩效表现欠佳。这说明"产品经理软实力测评系统"的匹配吻合度较高（调查样本的匹配吻合度在80%以上），可以进一步推广使用。

## 五、"产品经理软实力测评系统" 的全景应用

"产品经理软实力测评系统"在某商业银行广东省分行的实践表明，软实力模型是行之有效的管理工具，课题组所构建的"商业银行产品经理软实力模型"具备科学性。以该模型为基础生成的"产品经理软实力测评系统"能够较好地预测候选人的绩效，可以进一步推广使用，能够为商业银行行长的绩效考核、培训、薪酬管理以及职业生涯规划提供参考依据，促进建立基于领导力的现代商业银行新型管理体系。

### （一）"产品经理软实力测评系统" 在产品经理选拔与配置中的应用

基于软实力模型的人员选拔依据的是优异的绩效以及能取得此优异绩效的人所具备的胜任特征和行为。这就要求选拔出的分支行产品经理及管理人

员不仅要具备该岗位绩优者的胜任特征，还应当具有与组织匹配的胜任特征。鉴于此，我们根据"产品经理软实力模型"所构建的"软实力"标准，重点考察候选人内隐特征，以及在过去所表现的能力，预测候选人的未来表现，以此做出是否选用的决策。

"产品经理软实力测评系统"可以在产品经理选拔与配置中发挥重要作用。通过该系统重点对产品经理候选者的价值观（包括性格、态度、行为方式等）、能力和技能进行评估。在评价时采用的方法也与以前的不完全一样，行为事件访谈法（BEI）、工作样本、情景模拟等技术将被更广泛地采用，将选拔出富有潜力并且未来能够产生高绩效的产品经理，进而促进银行业务的发展。

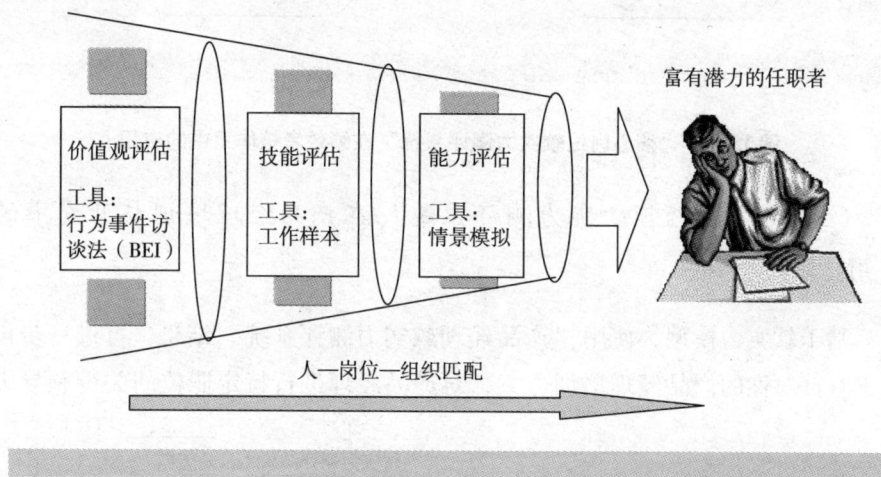

图 13.3 "核心岗位软实力测评系统"在选拔与配置中的应用

**（二）"产品经理软实力测评系统"在产品经理绩效考核体系中的应用**

绩效＝结果＋过程，基于软实力模型的绩效管理除了以结果为导向，关注短期绩效外，还关注当前与未来的绩效。因此，"产品经理软实力测评系统"可应用于商业银行产品经理的绩效考核体系中，构建业绩指标与过程考核相结合的绩效考核体系。在年度考核中，引入领导力测评，从而较好地界定产品经理在完成绩效过程中的素质展现情况，鼓励在岗产品经理不断提高

自己的领导力水平，进而提升银行绩效。

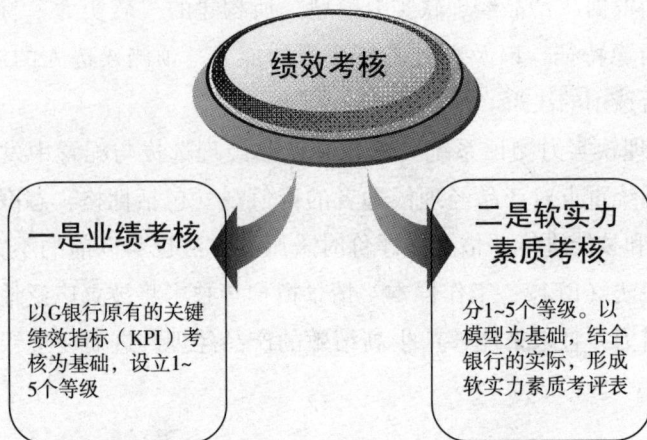

**图 13.4　"核心岗位软实力测评系统"在绩效考核体系中的应用**

（三）"产品经理软实力测评系统"在产品经理培训与开发中的
应用

基于软实力模型，使用"产品经理软实力测评系统"结果，可进一步设
计更有针对性的产品经理培训方案，对产品经理进行特定职位的关键领导力

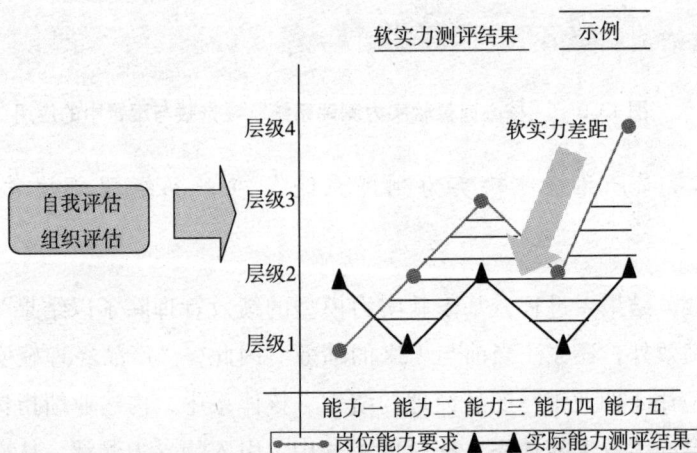

**图 13.5　"核心岗位软实力测评系统"在培训中的应用**

的培养，提高其任职绩效。改变传统的人员培训往往是面向适应岗位要求的技能培训，建立基于软实力模型的产品经理培训体系，通过培训，增强任职者取得高绩效的能力、适应未来环境的能力和领导力发展潜能。

（四）"产品经理软实力测评系统"在后备产品经理选拔中的应用

后备干部的选拔是保障银行业务可持续性发展的战略举措。采用"产品经理软实力测评系统"，可加大系统在后备产品经理管理中的使用范围，通过客观评价候选人能否胜任拟提拔的岗位，定期审核高潜质人才，从而确定能够迎接未来挑战的精英，为银行创造最大价值。

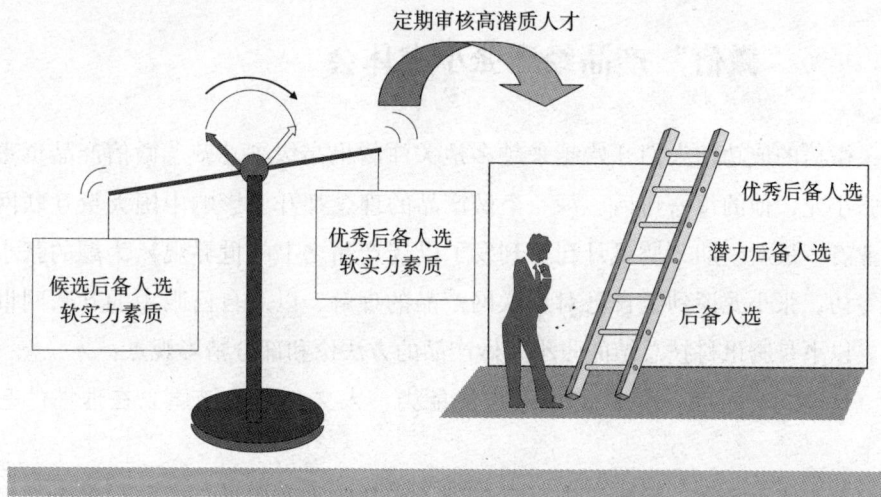

**图13.6** **"核心岗位软实力测评系统"在后备人才选拔中的应用**

# 第十四章　成功产品经理经验谈

**本章提要**　"从行业外看本行业"，本节摘取了部分成功的其他行业产品经理的经验作为分享，期望为中国银行业产品经理成长提供借鉴，助力突破！

## 一、"微信"产品经理张小龙体会

微信的成功让人们开始越来越多地关注腾讯高级副总裁、微信产品负责人张小龙，他的每一句话、每一个做产品的理念都开始影响中国大量互联网从业者。最新一期《腾讯月刊》刊发了以《产品之上的世界观》为题的张小龙专访，张小龙谈到了自己对互联网产品的理解，以及自己眼中的互联网世界。以下是腾讯科技总结的张小龙做产品的方法论和部分精彩观点：

1. 做好产品首先需要的是理性的能力，人文关怀应该建立在理性的基础上

因为张小龙在一次演讲中重点提到了产品的人文关怀，于是很多人都将此奉为做产品的准则。虽然微信中有很多地方体现了人文关怀，但人文关怀一定不是主体，不是基础。一个产品可以从很多层面去看，人文只是一个层面，而且人文的东西并不一定体现在人们能看到的地方。

2. 中国互联网产品进入欧美市场难度非常大，但是归结为文化因素有点推卸责任，有点笼统

从现象上说，强势文化向弱势文化渗透比较容易。但是从市场角度看，美国互联网领先中国是因为它先发展起来，比中国早好几年，代表了中国互联网未来发展的方向。做产品不是从文化出发，而是从需求出发的，进入欧美市场就要分析它们的需求。如果一款中国互联网产品在其他地方不能成功，

并不是不了解那里的文化，而是不了解那里用户的需求。

3. 最终产品能不能被市场接受，是这个产品所营造的氛围决定的

微信、Kakao Talk 和 Line 属于一个类型的产品，但是每个产品的理念是不同的，也都有不同的方向。微信的朋友圈和 Facebook 有点接近，但也有差异性，如果差异性越来越突出，就会形成自己的一种氛围。如果只是参考别人产品的功能，用户体验往往是不到位的，用户需求定位也会出现偏差。

4. 沟通的本质不会有根本的答案，沟通工具的进化可能取决于技术的发展

从工具层面来说，现在的沟通看似被满足了。但是人会越来越懒，这种懒会导致我们希望沟通可能更简单，甚至沟通的时候连嘴巴都不用动。从这个意义上说，如果微信能做到 Google Glass 上，那么沟通就会更加高效和轻松，因为只要说话而不用动手按了。

5. 要把复杂的功能做成一个简单的产品，让用户用起来觉得很简单

任何产品如果有机会都想做大，之所以有小众产品是因他的市场就是小众的，而不是故意做小的。微信是通讯工具，这个时候大而全就是美的。微信要做到大而美，如果做不成平台化就会死掉。微信在增加更多的功能，但是并不臃肿，界面也没有大变化。比如微信公众账号，如果用户不扫描二维码，这对他几乎就是不存在的功能。

6. IT 不是由极客推动的，现实产品是商业公司在推动的

极客喜欢钻到技术里面，并且不按常规来行动。但这不是现实，现实是产品是商业公司在推动的。从我写 Foxmail 开始，这么多年以来，产品研发的一些逻辑并没有很大的改变。如果说有改变的话，就是说现在比过去的分工更加严密了一些。

7. 优秀的产品经理是很难复制的

现在的方法论和成功学并不一定那么有用，很难说做了 A 就一定能够得到 B，更多时候是做了 A 之后有得到 B 的几率。有的产品有换肤功能，但你不能说这个产品的成功或者失败就是因为有或者没有这个功能，这种方法论是错误的。做产品很难找到一个可以被重用的方法。

8. 保持小团队，减少流程

团队越大越容易形成流程，一旦有流程就容易把人束缚住。而小团队可

以减少流程，调动大家的积极性和主动性。对于互联网产品来说，产品更新会很快，可能现在都不知道两个月后产品的样子，因为这两个月可能会有很大的变化。

9. 团队的内在驱动应该是来自精神层面的东西，内在动力来自对现实的不满

有目标和愿景很重要。做一款伟大的产品让自己快乐，要改变世界，那么这种驱动会比责任或者要求更好。不满和反抗是最有生命力的。不满意才表示你很有活力，当你每天在遵守常规、按部就班的时候，你就已经失去活力了。

10. 商业社会是动态的，现在垄断的公司并不可以一直垄断下去

现在的世界比过去更加多样化，一个小创意就可以做成工具让人们下载。其实微信也是众多应用中的一个而已。从用户角度来说，现在使用一些主流产品可能是没有更好地来取代它。但是现在做的很大的东西未来总会被其他产品所取代，这种动态是很好的。与自然界来对比的话，这是一个很健康的、自然的过程。

（备注：本案例资料来源：lieyunwang.com"猎云网"。）

## 二、360 董事长周鸿祎：怎样做一个好的产品经理

一款成功的产品可能有运气的因素，但一个优秀的产品经理必然是一次次挫败磨炼出来的，你必须要坚持"大我"，也必须要忘掉"小我"。

重视产品和回归产品，应该成为中国互联网产业的一个新起点。此前行业里谈融资、谈市值、谈战略的太多。我认为，那些都是浮云，产品才是商业成功的基础，因为所有的商业价值都是建立在用户价值的基础之上。如果中国互联网里能够有更多年轻的产品经理，有更多的企业以产品为核心、以用户为导向，中国互联网就有了正确的发展方向。我相信，未来产品经理的行情应该看涨，产品经理的重要性会越来越高。

（一）怎样做一个好的产品经理

这其实是一件很难琢磨的事。难在哪里？

第一难的是在正确时间做正确的产品。我自认为是一个经验丰富的产品经理，就算做过一两个成功产品，但回头很认真、深刻地思考就发现，其实当时很多是运气，是恰好在正确的时间做了一件正确的事，你真的以为可以把它再重复一回，很难。就像许多网游公司，一款游戏可以成功上市，第二款却很难再成功。

第二难的是避免犯错。我反思过自己的很多错误，也跟很多人讲过，但即使到今天仍然有些错误会再犯。最近我一直在研究乔布斯，在做 NEXT 公司的时候，他都犯了很多错。比如最经常犯的就是想法太多。佛法里说，人是贪嗔痴，贪是每个人的本性。但什么时候乔布斯开始变得特别成功呢？是他上了年纪之后，他回到苹果做 iPod 的时候。他每年就做一款产品，这时的他可能不一定像年轻人反应那么快、思维那么锐利和有创造力，但这个进入中老年的乔布斯才做得更加成功。

由此我更深刻地感觉到，怎样做一个好的产品经理，是一个真的很难琢磨的事情。我想我只有两点跟大家分享一下，即作为一个产品经理的"大我"和"小我"，你可能要经历这两个过程，建立大我，放下小我，才能磨炼成一个优秀的产品经理。

## （二）心中一定要有"大我"

刚才开复说产品经理未来是 CEO，我觉得产品经理现在就是 CEO。你是否记得《兄弟连》里面的连长叫什么？就叫 CEO，并不一定只有大企业的主管才叫 CEO。产品经理头衔不高，但是实际上是总经理，因为他要对这个产品负责，要经常去协调很多部门，推动很多不服他管的或者是不归他管的人和部门来配合他的工作。他需要跟美工、技术人员、测试打交道，他还要去了解用户的想法，跟市场谈，跟终端谈。有些时候上面说的首席执行官 CEO，还有带有 Chief Experience Officer——首席用户体验官的意思，要发布一个产品，产品定位是什么，他还要去看用户反馈。产品经理天然就有一个总经理的操心命。说实话，如果没有点自信心和雄心，恐怕一般人干不了产品经理。

产品经理不一定都要去创业，因为很多时候在资源不具备的情况下，有公司的平台会让产品更容易做到巨大价值。对产品经理来讲，最重要的不是在于今天有多大的收入，也不是今天管了多少人，最重要的是你开始对一个

产品负责，不是对老板，也不是对公司，只对产品。你要调动公司内外所有的资源做出这个产品，这个产品有 100 万人用，还是有 1000 万人用，还是有 1 亿人用，这就是产品经理的价值。创业其实也是这样的道理，一个产品经理从负责产品的第一天起，就相当于开始创业了。

因此，产品经理首先要有自信，要有一种气势。因为做产品不仅是技术的事，他要学会跟很多人打交道，所以他的任务非常具有挑战性。我刚才说过了，产品经理头衔最低，干的事是公司最重要的，经常需要去协调和指挥那些跟自己并不相关、并不向自己报告的人，如果没有点儿自信心和雄心，恐怕一般人干不了。当我还是方正集团一个很底层的产品经理的时候，别人都觉得周鸿祎这个人怎么看起来成天牛轰轰的，觉得胸怀世界，好像天天跟老板一样——那时候我觉得我就是老板，是自己的老板。

### （三）怎样放下"小我"

我觉得对产品经理最大的考验，就是把自己精神分裂成多重人格，把自己变成一个典型的用户，但是又不能把自己变成某一个用户。

刚才说产品经理要有一个"大我"，但是这还不够，还要学会放下"小我"——就是你要忘掉自己。产品经理是为用户做产品，但是包括我在内，最容易犯的错之一，就是做着做着就开始给自己做产品。很多技术出身的产品经理，本来他们最有优势，因为懂技术，在跟技术人员沟通的时候更容易被理解，但是太多的技术人员做产品的时候，容易慢慢变成给自己做或者是给自己身边的同事做，但是并不符合普通用户的习惯。

产品经理怎么能忘掉自己，又能体会用户的想法？他需要把自己精神分裂成多重人格，把自己变成一个典型的用户，但是又不能把自己变成某一个用户。这样说也许复杂了，举例说，我作为一个技术出身的用户，我相信客户端软件都难不倒我，但是我们公司的产品找我来用就出问题。因为我就是有这种习惯，也是这么多年积累的经验，只要一用产品，我马上就会变成一个对电脑一窍不通、非常急躁的用户，点不了两下我就开始对它乱敲键盘，或者是开始去做一些肯定不是一个正常的周鸿祎会做的事情，很多程序最后被弄成死机了。所以测试时，360 的很多员工都害怕我用他的软件。但用户就是这么用的，用户没有耐心，不了解这么多沟沟坎坎，也不像你我是这个行

业里的从业者。用户没有时间听你来铺垫，因为他要的就是鼠标点两下就得到他需要得到的利益，不需要知道背后复杂的技术。

成为一个优秀产品经理的过程，就是你抛弃小我的过程，你不要总是说"我以为"、"我认为"、"我觉得"，而是真正想用户是怎么想的。你自己要能够模拟成一个用户。这当然很难，我是怎么磨炼的呢？其实刚开始我也是一个普通人，只不过我做失败的产品很多，而且当年互联网不普及，做一个产品拿去卖给很多人，好不容易忽悠了客户一两百块钱，过两天客户打电话臭骂你一通，你就会有种强烈的挫败感。很多的挫败感使我一次一次地进入中国很基层的工厂、很普通的事业单位的电脑机房里，接触那些普通的电脑用户。一次又一次，我认为不可理喻的东西，他们觉得很重要；我觉得都不用解释的问题，他们觉得很复杂。但是用户给你钱，谁给你钱谁就是上帝，所以我这么一个高才生，我这么一个懂技术的优秀人才，我在那儿为了几百块钱而被他们狂骂，那没办法。被骂多了，后来我就开始明白这些事，原来我想的和用户想的不一样，这是一个很简单的道理。

## （四）别忘了是在为用户做产品

俗话说"乌鸦落在猪身上，光看到别人黑"，直到今天，我仍然会犯给自己做产品的错误。我有时候突发奇想，为什么不能有一个什么功能呢？叫产品经理过来赶紧让工程师给做了，因为我是老板，这个产品经理没有凸显自我，做完了之后我一看，只满足了周鸿祎的想法，不代表用户的想法。因此，产品经理要把自己放空、放下，走到用户中间去。真正顶尖的产品经理，比如做出 Hao123 的李兴平，并没有很高的学历，但他能比我们这些高才生花更多时间跟用户泡在一起，他最终不是了解某一个用户或某两个用户的感受，而是他能够把大部分用户的感受把握住。这是产品经理最难的一关，我觉得这个是一个需要长时间去微妙把握和磨炼的过程。

在一些公司产品经理做到高层，也有容易犯的错误。你做产品有幸做好了，提了总监、VP，这个时候容易出现的小我，就不是个人的小我，可能是公司的。大家是否有这种印象？我们要做一个产品，理由是因为我们公司需要，我们公司催着产品经理做，比如"把我们的两个用户连在一起"或者"我们公司已经有了一个什么样的产品，然后我们再造一个产品把用户转化一

下"。大家不要不好意思承认。我曾经看一个公司做的关于怎么做 IM 的报告，一篇 50 页的 PPT，从头到尾就在谈这个 IM 做好了，对这个公司有什么样的帮助，但这些和用户有什么关系呢？

做一个优秀的产品经理，如果你今天掌控更大的资源，就一定要避免这种陷阱。这种陷阱很容易掉进去，比如现在我有的时候会忍不住想，如果做了这个功能是不是让 360 在这个地方就能够怎么样一下呢？因为我们已经有很多用户，已经有很多产品，但是事实上，即使你有了几亿的用户，即使你有了一个好像看起来还不错的产品，一旦这么想，就掉入了从小我出发的陷阱。只不过这个"我"会美其名曰"我是从公司出发"，其实公司不还是你自己吗？不还是你们这帮人的利益吗？

我认为，做一个好的产品经理道理都一样，但是做起来真的是需要一个痛苦的过程，所以不管今天大家做产品经理成不成功，我觉得只要你做出你的第一个产品，都是非常值得祝贺的第一步。希望大家的产品都能够获得成功。

（本部分根据 360 董事长周鸿祎在"i 应用——2010 中国互联网创新产品评选"颁奖典礼上的演讲总结整理，http：//content. businessvalue. com. cn/post/3246. html）

## 三、产品经理的 14 条"军规"（节选）

以下是一名资深产品经理的 14 条行业"军规"：

（1）产品经理是一个小总经理。

（2）他（她）必须为一个产品或者产品线的盈亏负责。同时也应该有相应的权限和报酬。

（3）产品经理必须是一个将才，必须有丰富的经验，不仅仅是技术或者仅仅是销售经验。

（4）产品经理下面不宜有太多的兵，最好只有一个兵：产品营销助理。

（5）事业部容易管理，但成本高昂，而且很难发挥合力。产品经理不是事业部经理。

（6）产品经理要会协调各个部门的工作，把各种工作围绕他所负责的产

品，运转起来。

（7）他要负责产品每周的开发进度和市场推广进度，他要负责销售进度，他要对该产品每周的成本支出和销售收入了如指掌。

（8）每个产品，应该有自己虚拟的账户，不能在企业内部"吃大锅饭"。不仅人不能"吃大锅饭"，各个产品也不能"吃大锅饭"。

（9）开发部门也好，市场部门也好，销售部门也好，要把产品经理当成自己独立的客户。

（10）产品经理虽然是个好东西，如果运用不当，反而会像邯郸学步，不如传统管理模式有效。如果运用得当，则会发挥 100 倍威力。能否用好，既要有胆量，也需要虚心学习。

（11）一点不懂技术的人，做不得产品经理；一点不懂成本管理的人，也做不得；不懂沟通的人，做不得；不懂一定销售的人，做不稳当。

（12）产品经理是从枪林弹雨中打出来的，不是扶出来的。

（13）如果一个总经理下面有两个合格的产品经理，他自己就可以天天去钓鱼，也不用担心公司会有什么麻烦。

（14）产品经理就像一个企业，而企业则像一个挑剔的银行，产品经理自己的产品计划书，就必须像企业的商业计划书一样，详细，有充分的行动计划，该计划书有产品的规划、开发周期安排、目标市场定位、市场推广计划、销售计划、成本与利润的预期。

（本部分摘自：CSDN eastsunhttp：//markmail. org/thread/b7tiftzabzcp5qnw）

## 四、银行产品经理价值回归：产品 + 客户

综上所述，作为银行业的产品经理，笔者认为这两个关键词是重中之重：产品 + 客户。商业银行产品经理的定位是什么？产品经理是商业银行以客户为导向的，具体负责组织（或参与）银行某一金融产品或某一金融产品线的创新设计、生产营销、管理服务和应用实施工作的产品专家。因此，商业银行产品经理要以产品和客户为中心，把自己打造成下列专家：

- 全过程产品创新设计专家。
- 全过程产品生产营销专家。

- 全过程产品管理服务专家。
- 专业化的产品应用实施专家。

只有当产品经理真正成为了专家，且真正设计出令银行客户所喜爱的产品，为客户设计提供有效的产品应用解决方案，那么，他才算一名成功的产品经理。在这个过程中，产品经理将实现个人发展和银行业绩回报的"双赢"。

# 参 考 文 献

［1］安德鲁·杜伯林．领导艺术［M］．贺平等译．沈阳：辽宁教育出版社，1999．

［2］安鸿章．成功企业的人力资源管理系统［J］．中国人力资源开发，2000（4）：17～19．

［3］安娜蓓尔·碧莱尔．领导与战略规划［M］．赵伟译．北京：机械工业出版社，2000．

［4］柴卫平，沈志红．完善基层商业银行激励机制的建议［J］．新金融，2002（3）：23～25．

［5］陈春霞．行为经济学和行为决策分析：一个综述［J］．经济问题探索，2008（1）．

［6］陈国权，刘春红．团队组织模型：构建中国企业高效团队［M］．上海：上海远东出版社，2003．

［7］陈洪．胜任特征模型在供电企业人力资源管理中的应用研究［D］．北京：华北电力大学，2005．

［8］陈慧．有效领导行为实证研究［J］．北京邮电大学学报：社会科学版，2006（10）．

［9］陈云川，雷轶．胜任素质研究与应用综述及发展趋向［J］．科研管理，2004，25（6）：141～144．

［10］崔毅，殷明．企业人力资源管理评估体系探析［J］．经济师，2001（8）：24～26．

［11］大卫·A．惠顿，金·S．卡梅伦．管理技能开发（第七版）［M］．北京：清华大学出版社，2008．

[12] 戴维·D. 杜波依斯, 威廉·罗思韦尔. 基于胜任力的人力资源管理 [M]. 于广涛等译. 北京: 中国人民大学出版社, 2006.

[13] 方庆来. 漫议领导风格 [J]. 领导艺术, 2007 (7).

[14] 方永瑞. 基于胜任力的人力资源管理模式研究 [D]. 长春: 东北大学, 2005.

[15] 冯庆, 金涌, 王奋强. 创业激情燃烧在每个招行人心中 [J]. 深圳特区报 (纪念改革开放 30 周年特别报道), 2008 (2): A5.

[16] 谷靖. 广东省银行职员工作——个体匹配对工作倦怠的影响研究 [D]. 广州: 华南师范大学, 2006.

[17] 韩建立. 实施基于胜任力的企业员工培训 [J]. 今日科技, 2003 (3): 42~43.

[18] 亨利·明茨伯格. 领导 [M]. 思铭译. 北京: 中国人民大学出版社, 2000.

[19] 侯杰泰, 温忠麟, 成子娟. 结构方程模型及其应用 [M]. 北京: 教育科学出版社, 2004.

[20] 胡显勇. GT 在作文评分误差控制中的初步应用 [J]. 心理科学, 1994, 17 (2): 85~87.

[21] 胡晔, 黄勋敬. 国内上市银行薪酬制度对国有商业银行的启示 [J]. 广东金融学学院学报, 2006 (8): 35~39.

[22] 黄庆宇. 国有商业银行员工职业生涯管理的研究 [D]. 厦门: 厦门大学, 2002.

[23] 黄勋敬. 赢在胜任力——基于胜任力的新型人力资源管理体系 [M]. 北京: 北京邮电大学出版社, 2007.

[24] 黄勋敬. 领导力模型与领导力开发 [M]. 北京: 北京邮电大学出版社, 2008.

[25] 黄勋敬, 李光远, 张敏强. 商业银行行长胜任力模型研究 [J]. 金融论坛, 2007 (7): 3~12.

[26] 黄勋敬, 张敏强. 商业银行行长胜任力模型追踪研究 [J]. 金融论坛, 2008 (7): 16~22.

[27] 黄勋敬. 商业银行行长胜任力测评量表的编制及应用研究 [J].

金融论坛，2009（5）：12～16.

［28］黄勋敬，张敏强．基于胜任力模型的现代商业银行人力资源管理体系分析［J］．管理现代化，2007（1）：7～10.

［29］黄勋敬，胡晔．国有商业银行员工工作倦怠现状及对策实证研究［J］．金融论坛，2007（1）：11～17.

［30］黄勋敬，欧文周．商业银行推行岗位绩效工资制的实践与探索［J］．中国人力资源开发，2006（7）：46～48.

［31］黄勋敬．E 时代：人力资源管理的战略革命［J］．IT 经理世界，2001（6）：42～44.

［32］江海燕．岗位胜任力评价研究［D］．南京：河海大学，2005.

［33］蒋奖，张西超，许燕．银行职员的工作倦怠与身心健康、工作满意度的探讨［J］．中国心理卫生杂志，2004，18（3）：197～199.

［34］蒋敏．航天系统科研人员胜任力模型探讨——以航天 A 所科研人员为例［D］．北京：首都经济贸易大学，2004.

［35］焦璨，金悦，吴雷，张敏强，张文怡．中国 IT 业从业人员非技能胜任素质测评系统的研发报告［J］．心理科学，2008，31（1）：222～226.

［36］库泽斯，波斯纳．领导力［M］．李丽林，杨振东译．北京：电子工业出版社，2004.

［37］李超平，时勘．优势分析在组织行为学研究中的应用［J］．数理统计与管理，2005，24（6）：44～48.

［38］李春，许娜．行为金融学理论的形成发展及研究困难［J］．时代金融，2007（11）．

［39］李莉．胜任能力体系的发展与应用研究［D］．武汉：武汉大学，2003.

［40］李敏．人力资源管理与企业绩效的关系［J］．广东社会科学，1999（5）：54～58.

［41］李明斐，卢小君．胜任素质与胜任素质模型构建方法研究［J］．大连理工大学学报：社会科学版，2004（2）：28～32.

［42］李焱．勇于为中国的金融改革探路［J］．深圳特区报（纪念改革开放 30 周年特别报道），2008（2）：A5.

[43] 李之卢. 胜任力建模研究 [J]. 北京理工大学学报: 社会科学版, 2005 (3): 34~35.

[44] 梁建春, 时勘. 组织的核心胜任素质理论及其人力资源管理 [J]. 重庆大学学报: 社会科学版, 2005, 11 (4): 15~17.

[45] 梁开广, 邓婷, 许玉林, 付亚和. 评价中心法在评价中心管理潜能中的应用及其结构效度检验 [J]. 应用心理学, 1992, 7 (4): 50~57.

[46] 梁楠. 国有商业银行员工职业生涯管理研究 [D]. 重庆: 重庆大学, 2005.

[47] 刘延喜. 关于青年干部提高组织协调能力的思考 [J]. 河南税务, 2000 (4): 10~12.

[48] 陆红军. 情景模拟测评法在我国管理干部选拔中的应用研究 [J]. 心理科学通讯, 1986 (2): 43~48.

[49] 卢纹岱. SPSS for Windows 统计分析 [M]. 北京: 电子工业出版社, 2002.

[50] 罗伯特·H. 罗森, (美) 保罗·B. 布朗. 领导的艺术 [M]. 天津编译中心组译. 北京: 国际文化出版公司, 2000.

[51] 罗明忠. 商业银行的特点及其人力资源管理的特殊性 [J]. 华南金融研究, 2003 (3): 36~40.

[52] 罗明忠. 商业银行人力资源供给与需求及其均衡研究 [D]. 广州: 暨南大学, 2004.

[53] 吕国荣. 小故事大管理 [M]. 北京: 中国经济出版社, 2005.

[54] 彭逼眉. 胜任力模型及其在人才选拔中的应用 [D]. 武汉: 武汉大学, 2004.

[55] 彭剑锋. 人力资源管理概论 [M]. 上海: 复旦大学出版社, 2005.

[56] 濮雪镭. 基于技能与能力的薪酬设计研究 [D]. 成都: 西南财经大学, 2006.

[57] 任长江. 美国企业的领导力开发实践 [J]. 人才资源开发, 2004 (12).

[58] 史蒂芬·柯维. 高效能人士的七个习惯 [M]. 北京: 中国青年出版社, 2002.

［59］时勘.基于胜任特征模型的人力资源开发［J］.心理科学进展，2006，14（4）：586～595.

［60］时勘，侯彤妹.关键事件访谈的方法［J］.中外管理导报，2002（3）：34～55.

［61］时勘，李超平.领导者胜任素质评价的理论与方法［J］.人力资源开发，2001（5）：33～35.

［62］时勘，王继承，李超平.企业高层管理者胜任特征模型评价的研究［J］.心理学报，2002，34（2）：193～199.

［63］石真语.软实力——塑造一流企业必须打造的另一只翅膀［M］.北京：中国电力出版社，2010.

［64］史美毅.评价中心——人事选用的新技术［J］.应用心理学，1986，3（2）：15～17.

［65］舒葶.商业银行客户经理胜任力的研究［D］.重庆：重庆大学，2007.

［66］孙伯灿，朱鹰，宋浩，宋安平.商业银行人力资源管理中的忠诚问题研究［J］.金融研究，2001（11）：19～22.

［67］唐京.基于胜任力的培训需求分析模式研究［D］.杭州：浙江大学，2001.

［68］唐宁玉.三种心理测量理论的信度观［J］.心理科学，1994，17（1）：33～38.

［69］王重鸣.管理与人事心理学研究与理论体系的新进展［J］.应用心理学，1988，3（4）：1～6.

［70］王重鸣，陈民科.管理胜任素质特征分析：结构方程模型检验［J］.心理科学，2002，25（5）：513～516.

［71］王继承.谁能胜任——胜任模型及使用［M］.北京：中国财政经济出版社，2004.

［72］王进.基于胜任力的企业员工培训研究［D］.南京：河海大学，2006.

［73］王峻松.IBM如何打造领导力［J］.通信企业管理，2004（5）.

［74］王瑞闯.基于胜任特征的战略人力资源管理研究［D］.济南：山

东大学，2006.

［75］王旭丹．国有商业银行人力资源管理制度存在的问题及对策［J］．财经问题研究，2002（6）：28～29.

［76］王银娣．人才测评在选拔培养建设银行领导人员后备人才中的应用［D］．南京：南京理工大学，2006.

［77］王永丽，时勘．上级反馈对员工行为的影响［J］．心理学报，2003，35（2）：255～260.

［78］温忠麟，邢最智．现代教育与心理统计技术［M］．南京：江苏教育出版社，2001.

［79］温忠麟，侯杰泰，张雷．调节效应与中介效应的比较和应用［J］．心理学报，2005，37（2）：268～274.

［80］伍顿，詹姆森著，姚颖，黄沛译．全力以赴：让每一个人激情飞扬［M］．北京：人民邮电出版社，2006.

［81］吴凉凉．企业管理干部职务分析［J］．应用心理学，2003（3）：12～16.

［82］武龙，黄勋敬．商业银行核心员工的留用策略［J］．南方金融，2006（11）：25～27.

［83］吴孟捷．职业营销经理胜任特征模型研究［D］．北京：首都经济贸易大学，2003.

［84］吴明隆．SPSS统计应用实务［M］．北京：中国铁道出版社，2000.

［85］吴能全，许峰．胜任能力模型设计与应用［M］．广州：广东经济出版社，2006.

［86］夏济宏．新时期工商银行人力资源管理及激励机制变革［J］．金融论坛，2001（2）：43～46.

［87］小罗伯特·G.海格士多姆．沃伦·巴菲特之路［M］．北京：清华大学出版社，2007.

［88］谢勇．三联集团济南家电商场员工职业生涯管理研究［D］．济南：山东大学，2003.

［89］徐长江．工作倦怠：一个不断扩展的研究领域［J］．心理科学进展，2003，11（6）：680～685.

［90］徐建平．教师胜任力模型与测评研究［D］．北京：北京师范大学，2004.

［91］徐鹏，陈梅春．试论国有商业银行人力资源管理体制的再造［J］．西部论丛，2001（11）：10～13.

［92］严正，翟胜涛，宋争．管理者胜任素质［M］．北京：机械工业出版社，2008.

［93］杨帆．高层管理者胜任力建模案例研究［J］．人类工效学，2005（3）：54～56.

［94］杨国安．动荡环境中的企业转型和领导力开发［DB/OL］．中华管理精粹，http：//www. sba. com. cn/.

［95］杨涛杰．保险行业营销员胜任特征模型构建［D］．开封：河南大学，2007.

［96］杨壮．中国企业家的领导风格特征分析［J］．商务周刊，2007（5）．

［97］余世维．领导商数［M］．北京：北京大学出版社，2005.

［98］约瑟夫·奈．美国霸权的困惑：为什么美国不能独断专行［M］．北京：世界知识出版社，2002.

［99］岳振英．试论商业银行客户导向营销［J］．现代商业，2007（20）：142～144.

［100］曾庆怀．某企业构建宽带薪酬体系案例分析［J］．人才资源开发，2006（6）：39～40.

［101］张崇强，罗平．胜任素质模型的运用分析［J］．商业时代，2004（21）：23～24.

［102］章国华．职业银行家的胜任力要素［J］．浙江金融，2004（1）：31～32.

［103］张蕾．胜任特征模型在人力资源管理中的实践探讨［D］．北京：对外经济贸易大学，2006.

［104］张敏强．教育与心理统计学［M］．北京：人民教育出版社，2002.

［105］张衢．掀起银行的盖头［M］．吉林：吉林科学技术出版社，2008.

［106］张旭，张爱琴．企业组织发展与员工职业生涯管理［J］．中国人力资源开发，2005（3）：65～67.

［107］张月玲．宽带薪酬制度设计及其应用［J］．现代财经，2006（7）：41～44.

［108］赵海霞，闫景明．企业人力资源管理评价体系及其概念模型［J］．经济师，2003（6）：34～37.

［109］赵辉．中国地方党政领导干部胜任力模型与绩效关系研究［D］．成都：西南交通大学，2007.

［110］赵曙明．我国管理者职业化胜任素质研究［M］．北京：北京大学出版社，2008.

［111］仲理峰，时勘．胜任特征研究的新进展［J］．南开管理评论，2003（2）：26～33.

［112］仲理峰，时勘．家族企业高层管理者胜任特征模型的评价研究［J］．心理学报，2004，36（1）：110～115.

［113］钟尧君．基于胜任力的企业高级管理人员培训体系的构建［J］．嘉兴学院学报，2006（6）：92～95.

［114］邹燕，郭菊娥．行为金融学理论研究体系及展望［J］．宁夏大学学报：人文社会科学版，2007（11）．

［115］常桦．软实力［M］．吉林：吉林出版集团有限责任公司，2011.

［116］约瑟夫·S. 奈．硬实力与软实力［M］．北京：北京大学出版社，2005.

［117］彼得·德鲁克．德鲁克管理经典著作集［M］．王永贵译．北京：机械工业出版社，2005.

［118］彼得·德鲁克．创新与创业家精神［M］．蔡文燕译．北京：机械工业出版社，2007.

［119］庞礴，匡玉梅．论商业银行个人客户经理职业素质的提高［M］．北京：机械工业出版社，2006.

［120］万仁礼，陆恩达，张力克．现代商业银行客户管理［M］．北京：中国金融出版社，2004.

［121］姚军．对商业银行客户经理培养模式的探讨［J］．经营管理者，

2011（5）.

［122］吴宗辉，张济华，黄保成，陈越峰，盛明．商业银行客户经理制度建设研究［J］．金融纵横，2010（5）：

［123］赵长青．对加强商业银行客户经理制度的建议［J］．内蒙古科技与经济，2010（13）.

［124］田建涛．国外商业银行客户经理绩效考核成功经验借鉴［J］．商业文化：学术版，2008（11）.

［125］杨晏忠，王彦红．商业银行客户经理全面营销意识的培养［J］．中国信用卡，2008（8）.

［126］甄立．我国商业银行客户经理制存在的问题及对策［J］．职业时空，2006（18）.

［127］许学军．完善我国商业银行客户经理制的几点思考［J］．金融发展研究，2009（5）.

［128］刘文清，郑红，陈建西．城市商业银行客户经理绩效管理探讨［J］．科学决策，2008（10）.

［129］魏琼．商业银行客户经理薪酬激励研究［J］．科技信息，2009（9）.

［130］曾宇平．银行客户经理综合素质评价模型［J］．科技创业月刊，2009（2）.

［131］严琳．商业银行的"客户经理制"［J］．经营与管理，2009（1）.

［132］宋万君．商业银行实施客户经理制及队伍建设初探［J］．中小企业管理与科技（下旬刊），2010（1）.

［133］章浪潮．借鉴境外商业银行市场营销模式，推行个人客户经理制［J］．中国信用卡，2005（2）.

［134］谢颖．银行客户经理制的缺陷及其完善［J］．上海金融，2005（6）.

［135］孙永健，周顺．中国商业银行客户经理制组织架构的理论分析［J］．理论月刊，2006（2）.

［136］陈岱．我国商业银行推行客户经理制中存在的问题与建议［J］.

引进与咨询，2005（2）.

[137] 朱国庆. 完善营销体系　提高整体素质——农业银行镇江市京江支行加强客户经理队伍建设情况调查 [J]. 现代金融，2008（1）.

[138] 肖华，李志远. 国有商业银行客户经理制度存在问题及对策——谈建设银行湖南省分行客户经理制度的完善 [J]. 现代商业，2009（18）.

[139] 乔蕾. 论商业银行客户经理制度现状及对策 [J]. 华章，2010（24）.

[140] 陈舜. 我国商业银行客户经理制的思考 [J]. 经济问题探索，2006（3）.

[141] 李镇，郑成雄. 我们这样搭建个人客户经理机制 [J]. 金融博览，2009（9）.

[142] 潘春华. 如何完善个人客户经理制 [J]. 现代金融，2009（2）.

[143] 薛春芳. 商业银行客户经理制度研究 [J]. 经济论坛，2007（8）.

[144] 许学军. 完善我国商业银行客户经理制的几点思考 [J]. 金融发展研究，2009（5）.

[145] 刘益群. 我国商业银行客户经理制运行模式研究 [D]. 长沙：湖南大学，2007.

[146] 陈晓峰. 论我国商业银行的客户经理制 [D]. 天津：天津财经大学，2007.

[147] 汪阔朋. 我国商业银行客户经理及其管理研究 [D]. 青岛：中国海洋大学，2005.

[148] 王爱寿. 培养高素质队伍　提升企业软实力 [J]. 供电企业管理，2011（1）.

[149] 王会生. 着力提升企业软实力 [J]. 企业文明，2009（12）.

[150] 张亚勤. 创新要兼顾软硬实力 [J]. 经理人，2008（11）.

[151] 邢建海. 企业软实力是硬实力增长的重要支撑 [J]. 华北电业，2007（6）.

[152] 柳献初. 企业的硬实力与软实力刍议 [J]. 汽车工业研究，2007（10）.

［153］周静．对农行产品经理队伍建设的思考［J］．时代金融，2011（27）．

［154］郝毅，刘卫果．产品经理测试组织方式研究［J］．中国金融电脑，2011（11）．

［155］张海洋，王礼宏．如何加强产品经理队伍建设［J］．现代金融，2009（11）．

［156］张筠．商业银行的产品经理制［J］．浙江金融，2004（Z1）．

［157］王晓军．浅谈商业银行产品经理队伍建设［J］．河北金融，2003（5）．

［158］倪冰．浅谈商业银行产品经理层的构建［J］．南方金融，2005（3）．

［159］杨威，胡宏彦．农行建立产品经理人才队伍思考［J］．湖北农村金融研究，2009（8）．

［160］王飞．以产品经理为核心的企业管理模式探讨［J］．科技资讯，2009（36）．

［161］王鹏．银行产品经理在营销团队中的角色定位［J］．新金融，2006（4）．

［162］司徒珑瑜．产品经理的发展与现代商业银行核心竞争力的培育［J］．新金融，2004（3）．

［163］陈惠芳．如何建立产品经理队伍［J］．现代金融，2009（8）．

［164］蒙磊．浅议商业银行的产品经理制［J］．西安金融，2004（11）．

［165］过常鑫．商业银行需要"产品经理"［J］．现代商业银行，2000（10）．

［166］李春萍．国有商业银行产品经理激励研究［D］．广西大学，2006．

［167］陈显忠．商业银行产品经理制：一种全新的尝试［M/OL］．http：//www.chinavalue.net/Finance，2006．

［168］中国工商银行总行产品创新部．中国工商银行产品效能与管理体系研究（研究报告）．2012．

［169］刘华．从客户经理制到产品经理制——关于商业银行基层信贷业

务运作方式的思考 [J]. 西南金融, 2001 (9).

[170] Ballou R, Bowers D. , Boyatzis R E and Kolb D A. Fellowship in life-long learning. An executive development program for advanced professionals [J]. Journal of Management Education, 2000, 23 (4): 338~354.

[171] Barrett G V, Depinek R L. A reconsideration of testing for competence rather than for intelligence [J]. American Psychologist, 2000, 46 (2): 1012~1024.

[172] Barrett G V. Empirical data say it all [J]. American Psychologist, 1994, 49 (1): 69~71.

[173] Boyatizis R E. Rendering unto competence the things that are competent [J]. American Psychologist, 1994, 49 (1): 64~66.

[174] Cowan J. Barrett and Depinet Versus McClelland [J]. American Psychologist, 1994, 49 (1): 32~34.

[175] David C McClelland. Testing for competence rather than for intelligence [J]. American Psychologist, 1973 (28): 1~14.

[176] Dierendonck D, Schaufeli W B, Buunk B P. The evaluation of an individual burnout intervention program: the role of inequity and social support [J]. Journal of Applied Psychology, 1998, 5 (3): 392~407.

[177] Flanagan J C. The critical incident technique [J]. Psychological Bulletin, 1953, 51 (4): 327~358.

[178] Hay Management Consultants. Hay Realizing Strategy Through People, Guidance Book [M]. Boston: Haygroup, 1998.

[179] Gerald V B, Robert L D. A reconsideration of testing for competence rather than for intelligence [J]. American Psychologist, 1991 (6): 1012~1024.

[180] Jacohs. From Generic Competencies to Specific Organic Competencies [J]. Human Resource Planning, 1996, 24 (4): 56~62.

[181] Jeffery S Shippmann, Ronald A Ash, Linda Carr, Beryl Hesketh. The practice of competency modeling [J]. Personnel Psychology, 2000, 53 (3): 703~740.

[182] Mansfield. Intellectual Property Protection and U. S. Foreign Direct In-

vestment ［J］. Review of Economics and Statistics, 1996, 78 (3): 181~186.

［183］ McClelland Dc. Identifying Competencies with Behavioral Event Interviews ［J］. Psychological Science, 1998, 7 (1): 84~93.

［184］ McClelland Dc. Competence vs competency ［J］. Psychological Science, 2001, 54 (1): 55~58.

［185］ Michael P Leiter. Christina Maslach. The impact of interpersonal environment on burnout and organizational commitment ［J］. Journal of Organizational Behavior, 1988, 9 (4): 297~308.

［186］ Nordhaug. Competence Specificities in Organizations ［J］. Journal of Occupational and Organizational Psychology, 1998, 22 (28): 8~29.

［187］ Nygren D J, Ukeritis M D. The future of religious orders in the United States: Transformation and commitment ［J］. International Journal of Conflict Management, 2004, 15 (1): 6~28.

［188］ Pfefferj, Veigajf. Putting people fist for organizational success ［J］. Academy of Management Executive, 1999, 15 (1): 6~28.

［189］ Richard Boyatzis: The Competent Manager ［J］. Journal of Social and Clinical Psychology, 2001, 20 (1): 82~98.

［190］ Ron Sanchez. Understanding competence - based management Identifying and managing five modes of competency ［J］. Journal of Business Research, 2004 (57): 518~532.

［191］ Rumelt, R Dan Schendel, David Teece. Fundamental Issues in Strategy ［J］. Harvard Business Review, 1994, 22 (3): 79~98.

［192］ Sandberg J. Understanding Human Competence at Work: An Interpretative Approach ［J］. Academy of Management Journal, 2000, 2 (43): 9~25.

［193］ Shi K. Organizational behavior research in transitional time of China ［J］. Journal of Management, 2005, 12 (1): 1~16.

［194］ Shi K, Wang X C. A Research of Psycho - simulation Training on Modern Operators. In: Proceedings of the Second Afro - Asian Psychological Congress ［M］. Beijing: Peking University Press, 1993.

［195］ Shi K, Lu J F, Fan H X, Jia J M, Song Z L, Li W D, Gao J,

Chen X F, Hu W P. The Rationality of 17 Cities' Public Perception of SARS and Predictive Model of Psychological Behaviors [J]. Chinese Science Bulletin, 2003, 48 (13): 12~14.

[196] Siu V. Managing by competencies – study on the managerial competencies of hotel middle managers in Hong Kong Hospital management [J]. Journal of Employment Counseling, 2004, 41 (1): 29~37.

[197] Spencer L M & Spencer S M. Competence at Work [M]. John Wiley & Sons, Inc., 1993.

[198] Street Stories. Interview with Trading Psychologist Van K. Tharp [EB/OL], 2005 [2005 – 10 – 11], http://www.streetstories.com/.

[199] Walumbwa F O, Wang P, Lawler J, Shi K. The role of collective efficacy in the relations between transformational leadership and work outcomes [J]. Journal of Occupational and Organizational Psychology, 2004 (77): 515~530.

[200] Walumbwa F O, Lawler J, Avolio B J, Wang P, Shi K. Transformational leadership and work – related attitudes: The moderating effects of collective and self – efficacy across culture [J]. Journal of Leadership and Organizational Studies, 2005, 11 (3): 21~22.

[201] William D Spangler. Validity of Questionnaire and TAT Measures of Need for Achievement: Two Meta – Analyses [J]. Psychology Bulletin, 1992, 112 (1): 140~154.

[202] Wang P, Lawler J, Walumbwa F O, Shi K. Work – family conflict and job withdrawal intentions: the moderating effect of cultural differences [J]. International Journal of Stress Management, 2004 (11): 392~412.

[203] Winter D G, McClelland D C. Thematic analysis: An empirically derived measure of the effects of liberal arts education [J]. Journal of Educational Psychology, 1978, 70 (1): 8~16.

[204] Winter D G. Manual for scoring motive imagery in running text [J]. International Journal of Conflict Management, 2002, 11 (3): 255~265.